# BRIEFVE
# HISTOIRE
## DE L'INSTITVTION DES ORDRES RELIGIEVX.

*AVEC LES FIGVRES de leurs Habits, grauées ſur le cuiure par* ODOART FIALETTI, *Bolognois.*

A PARIS.
Chez ADRIEN MENIER, à la Porte Saint Victor.

M. DC. LVIII.

BRIEFVE HISTOIRE DE
L'INSTITVTION DE TOVTES
LES
RELIGIONS
Auec leurs habits
grauez par
ODOARD FIALETTI
BOLOGNOIS.
A PARIS.
1658.

A MONSIEVR M^R

# DE LA PORTE

## CONSEILLER DV ROY

EN SES CONSEILS D'ESTAT ET PRIVÉ,

MAISTRE D'HOSTEL,

ET PREMIER VALLET DE CHAMBRE

DE SA MAIESTÉ.

*ONSIEVR,*

*Si la marche d'vne armée, par la diuersité des obiets qui s'y rencontrent, peut don-*

*ner du plaisir à la veuë & à l'esprit tout ensemble; ie m'asseure que vous en aurez aussi, lors que dans ce Liure vous verrez passer deuant vous toutes les Troupes de l'Eglise militante; & qu'ayant beaucoup de pieté, vous ne serez pas fasché que ie vous presente vn estat des principaux Chefs qui commandent dans cette Armée sacrée, qui combat tous les iours contre deux si puissans ennemis de nostre salut, l'erreur & le vice. Vous ferez encore plus d'estat du present que ie vous offre, si vous considerez mon affection, iointe à beaucoup d'estime que i'ay tousiours fait de vostre Vertu: & ie suis bien aise qu'il se soit offert l'occasion de vous en donner des témoignages publics, & de vous asseurer deuant tout le monde que ie suis,*

*MONSIEVR,*

Vostre tres-humble & tres-obeïssant
Seruiteur, DV FRESNE.

# TABLE
## DES ORDRES RELIGIEVX.

Le chiffre qui est au costé renuoye & aux Chapitres du discours François pour l'Histoire, & au discours Italien, accompagné de sa figure, pour les couleurs & façons des Habits de chaque Ordre Religieux.

### Ordres des Clercs Reguliers.



### Ordres Monastiques d'Orient.



### Ordres qui suiuent la Regle de S. Benoist.

# TABLE DES ORDRES RELIGIEVX.



## Ordres qui suiuent la Regle de S. Augustin.



## Diuers autres Ordres.



BRIEFVE

HABITI
DELLE
RELIGIONI
Con le Armi, e breue descrittioni loro
OPERA
DI
ODOARDO FIALETTI
Bolognese.
IN PARIGI.
1658.

RELIGIONE

DELLA RELIGIONE DE

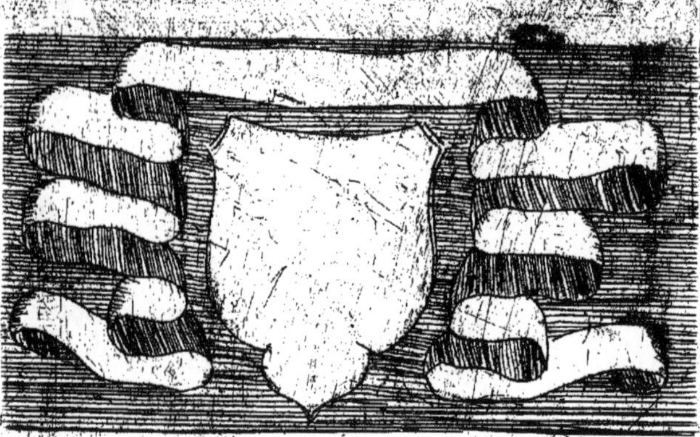

Da Giacomo Santiss.° Apostolo, e Marco Euangelista fù instituito l'ordine de Canonici Lateranensi. E quella tonica di lino souraposta ad ogni altro habito, che portano ad immitatione de gli antichi sacerdoti, e leuiti di Mose, discopre con l'antichità loro il vestito, che da quei Santi ne primi tempi riceuerono. furono poi d'Agostino Santo riformati, che vi aggionse nell'habito la cappa nera, e nelle regole quegli ordini, che tuttauia osseruano per l'acquisto del Paradiso. Da Gelasio sommo Pontefice riceuettero il Monasterio di S. Gio: Laterano, dal quale hanno al presente il nome. Hà questo ordine hauuti tanti Pontefici, Cardinali, e santi, che può dirsi, c'habbia riempito il Mondo, et il Cielo, di gloria, e di splendore.

CANONICI REGOLARI LATERANENSI
I

# DELLA RELIGIONE DE

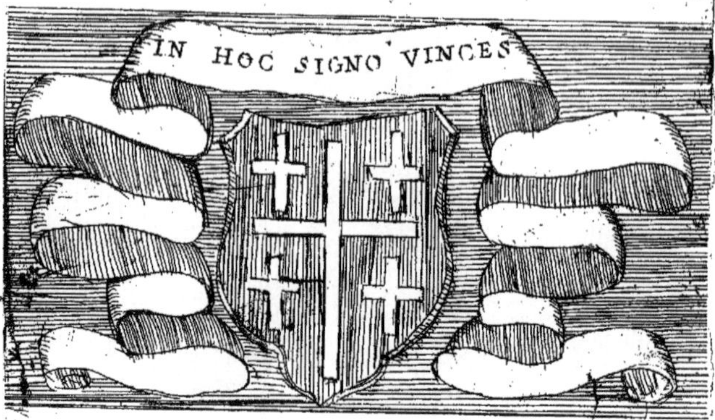


Furono da s. Giacomo Minore Apostolo instituiti nella Palestina questi canonici, che à la veste nera, et al Rocchetto bianco, aggiongono la cappa nera segnata dalla parte del cuore con cinque croci vermiglie. Portauano la barba lunga, et il capello in capo all vso di quella regione. Vissero lunga stagione nascosti per le spelonche, e per li deserti, fin ch ricuperato Gerusalemme da Goffreddo; hebbero quasi in premio de lunghi affani sofferti fra gl'infedeli, la Chiesa del S.mo Sepolcro, et molte altre nobiliss.e Chiese, e Monasterij, in quelle parti; passandone molti in Jtalia, et fondandone in Napoli, e in Sicilia essemplari conuenti. Ma nell'incendio, che Turchi han portato in Terra santa e rimasta questa religione estinta, et i luoghi in Jtalia ridotti in Commende. Haueua nell'arme cinque croci vermiglie, vna grande nel mezo, et quattro picciole ne gl'angoli, col motto, Jn hoc signo vinces.

CANONICI REGOLARI DEL S.TO
SEPOLCRO
2

## DELLA RELIGIONE DELLI

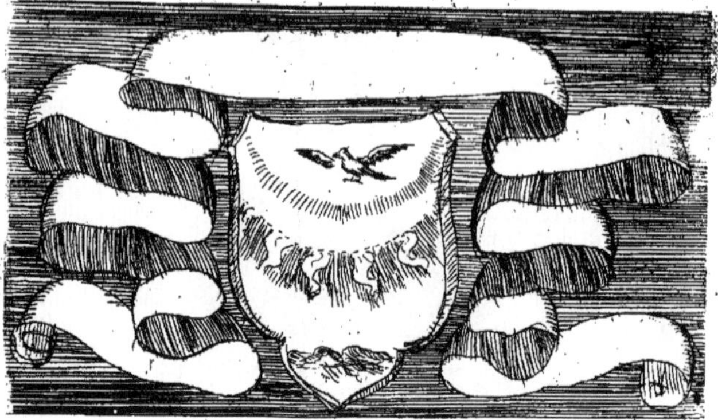

Per ammonitione, e riuelatione dello Spirito Santo fatta ad Innocentio terzo Som̃o Pontefice, fù da lui instituito quest'ordine per sostentare i poueri peregrini, e gli infermi, e per raccoglier i fanciullini gettati dalle Madre loro. Hanno questi Religiosi dal lo stesso Pontefice la regola loro. Fanno solenne professione, e riceuono l'habito. Vanno vestiti di habito nero all'vso de Preti, portano vna Croce bianca nel mezo del petto. E nel Mantello nero hanno parimente vna Croce bianca dal lato sinistro: e però quando vien loro posto dal Superiore. Egli dice. Per questo segno di Croce fugga ogni spirito maluagia, e Christo ti conduca al Regno eterno.

CHIERICI SPEDALARII DI S. SPIRITO IN SESSIA DI ROMA.

# DELLA RELIGIONE DE

Dal Beato Marco Euangelista loro institutore, e dalla Chiesa à lui consacrata, nella quale seruono, et amministrano tutti i sagramenti in Mantoa. presero il nome questi Canonici. Hebbero tutto candido l'habito, perche la Tonica, il Rocchetto, la Mozzetta, la Cappa loro, e la beretta Clericale erano tutto biancho. Portando la Zanfarda, ò Capuccio di Vaio sul braccio. Hebbero dui soli Monasterij, mà ridotto finalmente il loro n.º al fine. Son entrati ne lueghi loro i Padri Camaldolesi Non rimanendo altro che la memoria, et il buon nome di questi Canonici ꝑ entro le carte de gli scrittori, come è da credere, che l'anime loro sieno raccolte nel Cielo

CANONICI REGOLARI DI SAN
MARCO IN MANTOA
4

I Canonici secolari di S. Giorgio in Alga hanō il nome dalla Chiesa, doue prima furono instituiti nelle lagune di Venetia. I fondatori sono stati Antonio Corraro, e Gabriele Condulmaro nobili venetiani l'uno de quali fù poi Cardinale e l'altro Papa; riceuerono la regola l'anno 1404. da Bonifacio IX. Pontefice Massimo. Hebbero grand' accrescimento dal Beato Lorenzo Giustiniano, che per Diuina ispiratione entrò in questo ordine, e lo riformò. Vestono vna sottana bianca bottonata, e di sopra vna veste azurra, con maniche larghe, vna stola largha in spalla, et in testa vna beretta à Croce il tutto del medesmo colore; nè alla croce che hanno sopra il capo altro color vi voleua che quello del cielo.

CANONICI DI S. GEORGIO IN ALGA

DELLA RELIGIONE DE

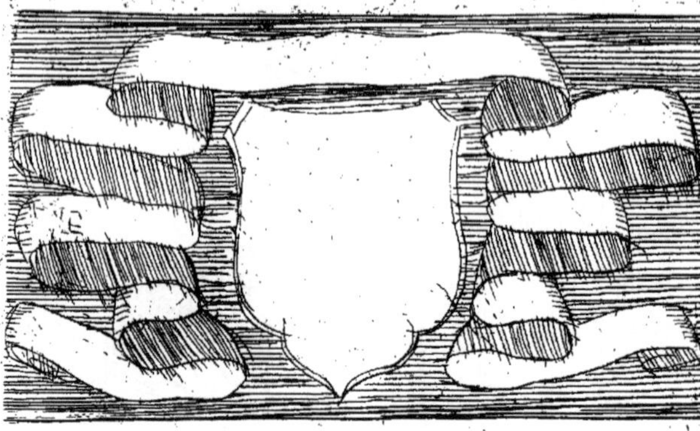

I Canonici Azurrini di Sicilia osseruando con più rigore il primo instituto della loro religione, hanno voluto anco nell'habito esteriore farsi diuersi da quelli, che habitano ne gli altri luoghi. Benche siano della istessa Congregatione, e regola. Portano la cappa di color azurro, ma di grosso panno, la tonica bianca, ma pouera, e curta, in capo beretta azurra, ma all'heremitica, et ne i piedi zoccoli di legno: Hanno in essetto la pouertà, che dimostrano ne i vestiti. Non restano però con santità di vita dimostrarsi in ogni lor attione degni serui del Signore, tanto più atti à salire la via del Cielo, quanto men sono dal peso delle ricchezze aggrauati.

CANONICI REGOLARI DI S. GIORGIO D' ALGA IN SICILIA.

DELLA RELIGIONE DE

I Canonici di S. Saluatore sono canonici lateranensi, ma regolati, et rinouati da gregorio XII. Sommo Pontefice con dar loro per capo Frà Steffano senese dell'ordine di S. Agostino. Seguì questa riforma l'anno 1408 sono accresciuti li Religiosi di questo ordine, se non à molti Monasterij, à molte facultà, e molto merito. Vestono vn habito tutto bianco, dalla cintura in giù di scotto, con la patienza. Fra l'habito, e la patienza portano in mezzo vn candidiss.^mo Rochetto: la Camiscia è di scotto, mantello di scotto, e lò portano fuori di casa, mà di color nero, in capo beretta à croce mà di scotto bianco, e quando escono di casa il capello nero. Questo è l'habito esteriore, ma sono molto più riguardeuoli gli habiti interiori, e le virtù de quali risplendono.

CANONICI DI S. SALVATORE
7

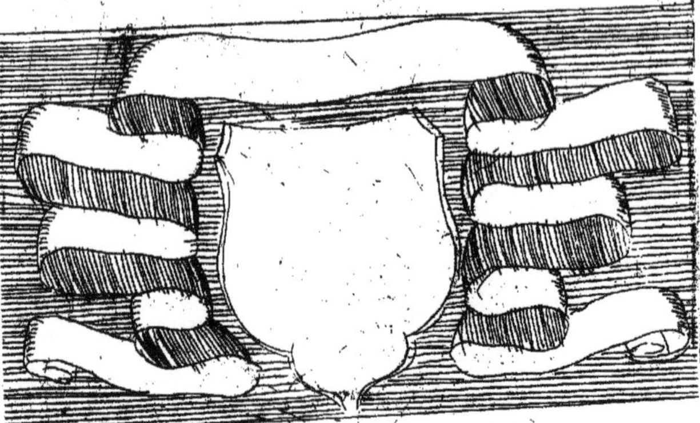

Dalla Valuerde, ch'è situata nella Brabantia prese il nome questa congregatione da Canonici, che iui fù instituita. Portauano questi Religiosi la testa rasa, fuor, che la picciola chierica; il capuccio grande, che il capo, e le spalle ricopre nero, come la Cappa; mà candido il Rocchetto, e solo di lino, metendo ruuide rascie sopra l'ignude carni. Furono di vita essemplare, e di chiarissimo nome per la pietà, e religione loro. Sono al presente estinti, e viue solo per molti luoghi d'Italia in molte Commende, et altre Chiese, il nome della Valuerde in testimonio di quello ch'essi possedeuano in terra, com'è da credere, che hora possedono in Cielo.

CANONICI REGOLARI DEL-
LA VALVERDE.

DELLA RELIGIONE DELLI

Sotto Gregorio Vndecimo sommo Pontefice fù questa Religione instituita da Gerardo Magno huomo dottissimo et di santiss.ma vita. Fù fondata nell'anno del Sig.re 1376 in Germania, doue fiorì, e tuttauia fiorisse con molto frutto delle anime. Hebbe huomeni eccellenti nelle dottrine, e molto più nell'innocenza della vita, e nella bontà. Vestono questi nella stessa forma delli Monaci neri, e sono differenti solamente nel Capuccio, ch'è assai amplo, e nelle maniche della Coccolla assai più ristretta. Non sò però, che eccedi questa religione i confini di Germania, doue fù instituita.

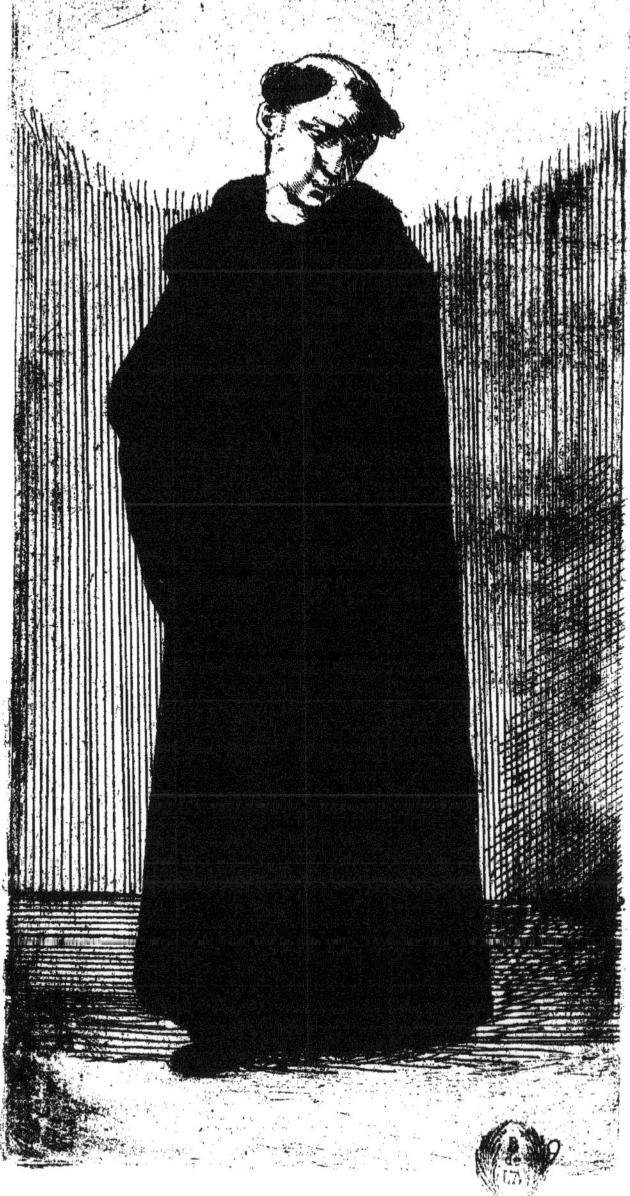
PADRI DELLA VITA COMMVNE

DELLA RELIGIONE DE

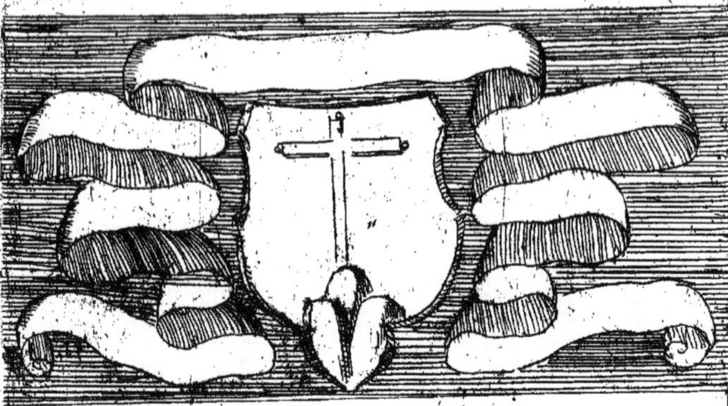

I primi chè rinouassero l'antico instituto de gli Apostoli furono gl' institutori di questo ordine de Chierici Regolari, che dalla Città di Chietti, Chiettini, e volgarmente si chiamano Theatini dalla voce greca theos, che vuol dire Dio. Fù instituito l'anno 1524 sotto Clemente Settimo, et è sparso nelle prime Città d'Italia, viue di elimosine. Vestono tutti di nero in habito da prete, et portano talhora il mãtello, talhora nò, ma sempre la virtù, la dottrina, e la santità con loro.

CHIETINI

DELLA RELIGIONE DELLI

Girolamo Miani Nobile Veneto inspirato dallo Spirito Santo l'anno 1531. cominciò à raccogliere i poveri figliuolini Orfani, che andauano sparsi p le strade, senza hauer, chi li nutrisse, li vesti, nutri, e fece loro insegnar lettere, con pregando altri Cittadini, e Sacerdoti per attender all'vfficio di tanta pietà, e carità. Ne contento di far ciò in Venetia sua Patria, passò ad instituire quest'ordine à Bergamo, et à Milano, doue dal Duca Fran.^co Sforza riceuè molto aiuto, e fauore. Passò finalmente à Somasca Villa trà Milano, e Bergamo, doue con lo stesso fine raccolti laici, et Sacerdoti, riceuè vn luogo per habitatione, et instituì questa Congregatione da quella Villa detta Somasca. Fù del 1540. approbata dal Sommo Pontefice Paolo Terzo, et hebbe auttorità di fondar luoghi, ò Colleggi doue viuessero Chierici, come fanno regolarmente, chiamansi anco da S. Nicolò di Pauia. Vestono da Prete di panno nero, ò d'altro, con capello in testa.

SOMASCHI
II

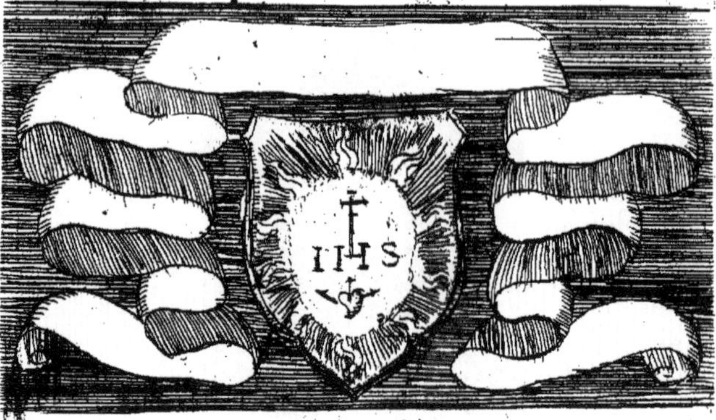


Santo Ignatio Loiola Spagnolo instituì questa Religione e le diede il nome. Fù approbata da Paulo terzo Somo Pontefice. Hanno sempre in lei fiorito huomeni dottissimi in tutte le discipline, nelle Catedre, ne pergomi, nelle Scole, hanno pochi pari. Attendono alle confessioni assiduamente; Hanno un Generale, al quale prestano isquisita obedienza. Aggiongono alli tre voti di castità, povertà, e obedienza un Quarto nell'ubbedire al Somo Pontefice nelle Missioni. Hanno riceuute molte approbationi, e priuilegij: Cresciuti à numero grande con belliss.mi tempij, sontuosi Monasterij, e Colleggi ricchissimi; ma tutto senza ostentatione. Hanno infiniti scrittori marauigliosi in tutte le scienze Carissimi, et accetti in molti luoghi. L'habito è chiericale nero di panno.

GIESVITI
12

# DELLA RELIGIONE DELLI

Questi Padri non hanno altra Religione; che vna rau=nanza de Sacerdoti, li quali ritenendo lo Stato e pro=fessione di Clero secolare viuono con autorità del Pontefice sotto obedienza de superiori, senz altro voto, che la propria volontà. Hanno tutto in commune, atten=dendo ad essercitij spirituali. Furono instituiti dal Beato Filippo Neri fiorentino; E loro particolar in=stituto sparger la parola di Dio, ogni giorno fami=gliarmente, e senza pulpiti. E questo fanno dop=po la lettura de libri spirituali, frapponendeui anco tal hora qualche diuota musica, comincio l'anno 1550. e fu confirmata l'anno 1576. Il loro habito è di Preti secolari, senza altra mutatione. Hanno hauuti huomeni ripieni di pietà, et di dot=trina.

PADRI DELL' ORATORIO
13

# DELLA RELIGIONE DELLI

Questi Padri, che sono chiamati della Crocella, ò del ben morire, sono drizzati ad vsar carità à gli infermi, Hebbero ꝑ fondatore il Padre Camillo di Lelij; continuò ne gl'anni di Christo 1581 Hebbero la gratia di esser Religione libera, et assoluta dalle regole delle altre. sotto Gregorio Decimo Quarto Sommo Pontefice. Hanno molti luoghi celebri in Italia, il loro vestito è clericale con vna croce al petto, et al Mantello dal destro lato di color tanè.

CHIERICI REGOLARI DEL
BEN MORIRE
14

# DELLA RELIGIONE DI

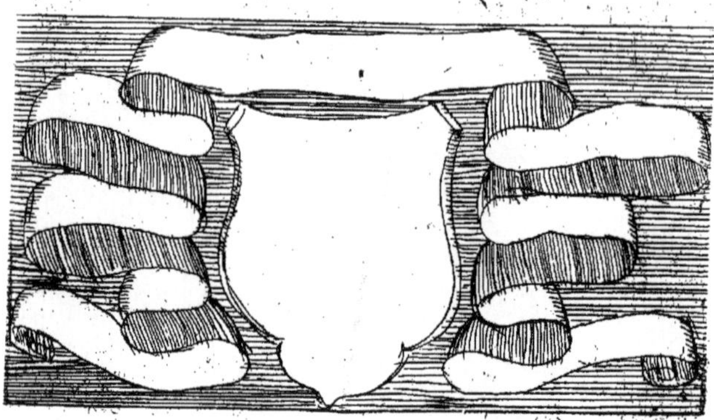

Comincio questa Religione nè tempi di Sisto Quinto, hebbe la sua origine da vn nobil Genouese Fu confirmata da Clemente Ottauo Sommo Pontefice: Hà vn instituto nouo, et insolito; ma però molto pio, e meriteuole d'ogni lode: Diuidonsi questi Religiosi frà loro gli essercitij spirituali in guisa, che sempre vi è frà loro, chi prostrato in terra rende tributo di orationi à Dio, chi digiuna in pane, et acqua, chi porta il Cilicio; e con discipline macera la carne, et così de gli altri essercitij spirituali: Vestono habito da Prete, mà di panno grosso e vile.

CHIERICI MINORI

S. Pacomio habitatore delle spelonche nella Thebaide di Egitto riceuè dal Angelo di Dio comandamento di congregare Monaci, et le regole, perche fossero da loro osseruate. ne congregò 7000 in molti monasterij, oltre quello, che egli haueua fatto fabricare, et era capo de gli altri, numeroso anch egli di 150. furono da lui tutti i monaci diuisi in ventiquatro ordini segnati con le ventiquatro lettere dell'alfabeto greco: mà però a tutti fù comune l'obligo di essercitare quell'arte che faceua al seculo, consignando il guadagno al superiore: cosi con i sudori sostentauano il corpo, et con le orationi ristorauano l'animo, acquistando il cielo. Morì l'anno di Christo 405 lasciando della sua santità, et innocenza i suoi Monaci heredi come furono anco dell'habito, che è vna tonica col capuccio alla greca il tutto nero.

S. PACOMIO

Nel mezzo dell'horrido heremo della Thebaide in Egitto fù vn gran Monasterio capo di 50 che erano in quella prouincia instituito da S. Macario con le sue regole, et ordini, sotto quali viueuano tutti quei Religiosi; molti ancora iui se ne ritrouano sotto quelle barbare genti vno de quali del anno 1595 fù a Roma, osseruano l'asprezza, e rigor monastico, essercitano i digiuni, recitano i diuini uffici in lingua poco differente dall'Arabica consacrano all'vso de greci, vestono d'vna tonica che tende al violato con patienza nera, et in capo vna beretta molto grande, e rotonda, con vn poco di cocolla sotto.

S. MACARIO
B
17

# DELLA RELIGIONE DELL'

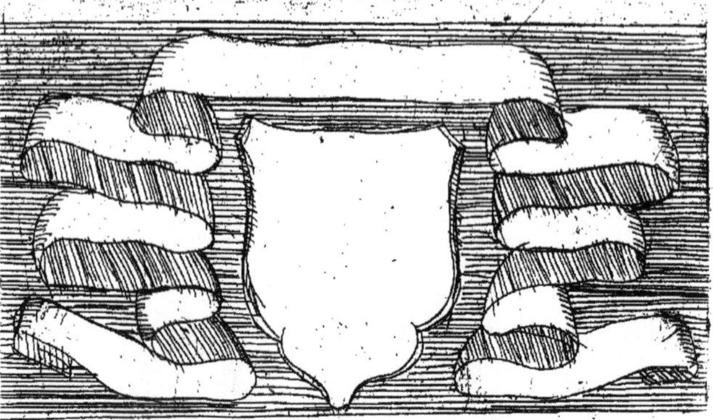

Basilio dottissimo, e santiss.mo heremita fu il primo, che
ridducesse gli heremiti in Monasterij; et dette loro vna
regola certa, et vniforme, con cui viuessero. instituì quá
tre Voti. che tutte le Religioni hanno seguito, di pouer
tà, Castità; et obedienza. Viuono sotto il suo stendardo
n.o inumerabile de Monaci raccolti in Monasterij
infiniti, et anco sparsi ne gli heremi. Non conoscen
do la Chiesa greca altra regola di Religione, ne
altro ordine, che'l suo. Tengono tutti i suoi religiosi,
che chiamano Calogeri, e vuol dire buoni vecchi,
vna vita seuerissima, e santissima. Hanno l'habito ne:
ro, senza pompa, ne ornamento alcuno, che è vna
tonica con le maniche larghe appresso la mano, et
vn' altra tonichetta pur nera sotto. in capo, ò sù la
spalla vn Capuccio, che copre il capo, e si dilatta, ca:
dendo sopra gli homeri, nõ portano camicie, dormo:
no senza drappi di lino, sopra la paglia, non mã:
giano mai carne, fanno molti seuerissimi digiuni,
lauorano le terre con le lor mani, e possono seruire
per vn essempio de compiti, et ottimi religiosi.

ORDINE DI S. BASILIO
18

# DELLA RELIGIONE DELL'

Fù l'anno 1057 fabricato il Monasterio di Messina da Ruggiero Guiscardo Normando, che ne scacciò i Mori. Quest'è capo dell ordine di S. Basilio, et i Monaci osseruano la regola di questo santo; L'habito loro è alterato da quello, che portano i greci, ma però simile. Hanno tonica, patienza, e cappa intorno al collo crespa, et il capuccio alla latina tutto nero. Altre volte portauano la tonica leonata; ma hora non la portano l'impresa loro è S. Basilio vestito in Pontificale, e deuono bene portar la sua effiggie perche sono così al viuo immittatori della sua vita.

ORDINE DI S. BASILIO DI S. SALVATORE DI MESSINA.

SAPIENTIA VINCIT MALITIAM

Seguono la stessa regola di s. Basilio questi Religiosi, che hanno i Monasterij loro nella Germania differenti da gl'altri nel colore, et habito esterno; non nel color di seruire à Dio, e ne gli habiti intorno delle virtù. Hanno vna veste lunga, patienza, et vna cappa con le maniche larghe, portano vn capuccio fratesco, et vna beretta, che par da capo di guerra, il tutto cadendo, come è la fede, e purità loro. Danno con i costumi, e con l'essempio grandiss.^ma edificatione à quei popoli, e merito compita lode di veri, e perfetti religiosi.

MONACI DI S. BASILIO IN GERMANIA.

Santo Sabba per Diuino istinto fuggito dal se=colo, ricouerò ne Monasterij, doue attese alle pe=nitenze, e dimostrò miracoli di santità. Acquistò perfettione nelli Deserti, doue fuggendo gli huo=mini, si troua Dio. Difendè contra i nemici del=la Catholica religione la Sinode Calcedonense, et instituì l'ordine, ch' hebbe il nome dal suo nome. Vestono questi d'una tonica leonata al=la greca, ma con capuccio, e patienza alla la=tina. Ora sono trauagliati, e quasi come di=strutti da Turchi, mà l'trauaglio del Mondo è corona nel Cielo.

SABBAITI

21

## DELLA RELIGIONE DELL'

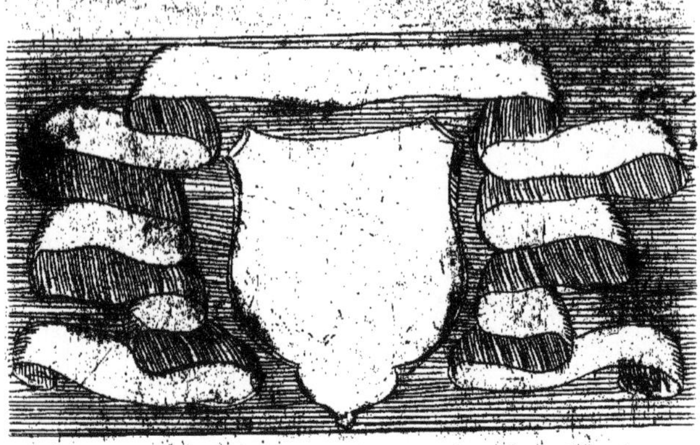

L'Isola Lirinense detta hoggi S.ta Margarita è nel Mare di Prouenza poco lontana da terra ferma. Qui S. Gio. Cassiano formò, e dilatò l'ordine de Monaci, che haueua instituite in S. Vittore di Marsiglia circa l'anno 490. Risplende in questi Monasterij il feruore, la regola, e l'osseruanza, fiorendo in essi molti huomeni illustri per dottrina, e molti per santità, e martirio. Al presente è vnita, et incorporata questa congregatione à quella di S. Benedetto. L'habito, che portauano questi Monachi, era simile à quello de Calogeri greci, mà col Capuccio alla latina, il tutto nero.

ORDINE DI S. GIO. CASSANO
DELLA CONGREGATIONE LIRINENSE.
22

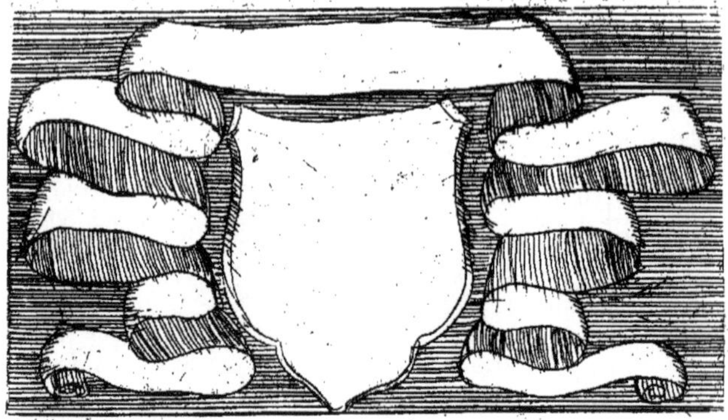

Non possono tanto le tentationi rilassare, et intepidire quanto lo spirito santo riforma, e riscalda i religiosi per la conseruatione de gl'ordini, et instituti loro. Doppo 389 anni fù la regola di s. Benedetto fatta pienamente essequire dal Beato Oddone Abbate nel Monasterio di Cluriaco, onde Cluniacense fù detta. Non altro. Questi l'habito de Religiosi, mà ben accresce il numero de Monasterij. L'habito è pure con tonica, coccolla, capuccio, e beretta non molto differente dall'altre come si vede.

MONACI CLVNIACENSI DI S.
BENEDETTO
B. 23

# DELLA RELIGIONE DE

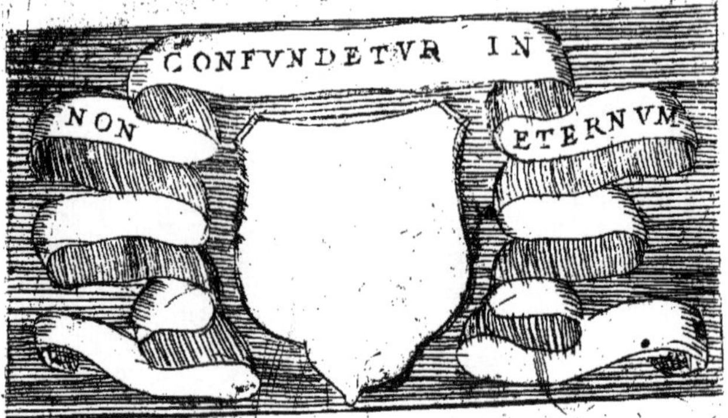


Questi Religiosi ripieni di opulentissime ricchezze, e ricchi d'ogni virtù si mostrano con l'innocenza de costumi, e con l'integrità della vita ben da douere degni seguaci di S. Benedetto. Sono Monaci Cassinensi riformati l'anno di Christo 1408. da Lodouico Barbo Gentilhuomo Venetiano, il quale li ridusse al vero, et antico splendore nell'osseruare la regola Benedittina. Hanno in capo al Prato della Valle vn tempio, e di Monasterio, di grandezza, beltà, e valore incomparabile, doue sono Santiss.e reliquie, e molti corpi intieri de santi. Portano l'habito alquanto più ristretto de gli altri Monaci Cassinensi.

MONACI CASSINENSI DELLA CONGRE
GATIONE DI S.TA GIVSTINA DI
PADOVA
B
24

# DELLA RELIGIONE DELLA

Non può lingua alcuna esprimer basteuolmente le grandezze, la Santità, e la dottrina della Religione instituita fin l'anno 497. dal Gloriass.º padre S. Benedetto Capo, e fondatore de Monaci in Occidente come in Oriente fù Basilio Santo. Fondò egli nel Monte Cassino, ch'è il capo della sua religione l'anno 528. scriuendo à suoi Monaci la regola Angelica, che è da loro osseruata. Hà riceuuto questa religione molte riforme, et è arriuata ad vn n.º de Monasterij, che teniuano Abbati, senza le Prepositure, e Priorati di trentamille. Ha hauuti 28. Pontefici Romani, et infinito n.º di Cardinali, e Vescoui, e d'huomeni litterati; ma quello, che più importa quindecimille cinquecento, e cinquanta noue Santi. e tuttauia nobilissima, ricchissima, e ripiena di quella dottrina, e bontà di vita, ch'è propria di buoni religiosi. Mà la congregatione in particolare di Monte Cassino hà hauuto gran ricchezze, e giurisditioni. L'habito è vna tonica magnifica, coccolla grande, amplissimo capuccio, et vna beretta clericale et tutto nero; Mà ~~da~~ da questo nero è nato tanto splendore.

CONGREGATIONE CASSINENSE
DI S. BENEDETTO.

25

Grandissimi sono i progressi c'hà fatto la Regola di San Benedetto non solamente nel proprio fonte, mà in diuersi riuoli tratti da lei fecondissimi tutti, e ripieni di santità. Frà gl'altri questo, che Romualdo il Santo instituì, hà fatto marauigliosi progressi. Hanno questi Monaci il loro nome loro da vn Cittadino d'Arezo di Casa Maldole, ne terreni del quale fù fondato il primo Monasterio. Sono virtuosiss.mi, e di santa vita. L'habito loro è vna tonica, e scapolare cinto; e la coccola bianca di sopra.

MONACI CAMALDOLENSI

26

# DELLA RELIGIONE DELL'

Non bastò à S. Romualdo rifformare, e riddure à perfettione i Monaci. Mà nell'estremo della sua vita fermò nouo Eremita con molti digiuni et asprezza di vita. Va raso il capo, con vna breue tonica di panno bianco col scapolare dello stesso colore attaccato alla tonica, e di sopra vna coccolla dello stesso. Osserua il silentio, stà sempre apartato, e si può dire, che sia affatto diuisò dal Mondo per starsene con Dio. Hà il nome ancor egli di Camaldolense, come gl'altri Monaci instituiti da questo Santo, e quasi gemelli dello stesso padre, simili sono nell'osseruar i diuini precetti.

EREMO CAMALDOLENSE

## DELLA RELIGIONE DE

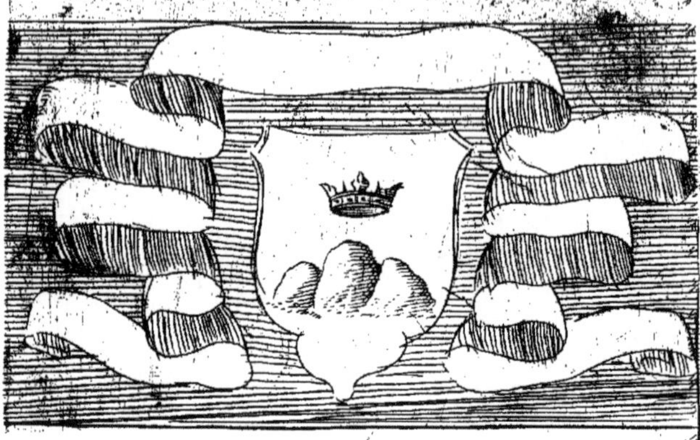

Fù dal Beato Paolo Giustiniano Gentil huomo Venetiano riformata la religione de Camaldolensi. E perche ciò seguì nel Monte Corona da lui prese il nome. Ridusse egli la penitenza, e l'astinenza al primo loro rigore. L'habito è vna breue tonica, vn pouero scapolare, et vn Mantello affibiato al petto, che di poco auanza il ginocchio, tutto di ruuida lanna, e di color bianco. Portano il capo questi Religiosi, come gl'altri Camaldolensi raso. viuono in Celle separate, e per fauellare con gli angeli tacciono fra loro.

MONACI CAMALDOLENSI DI
MONTE CORONA.

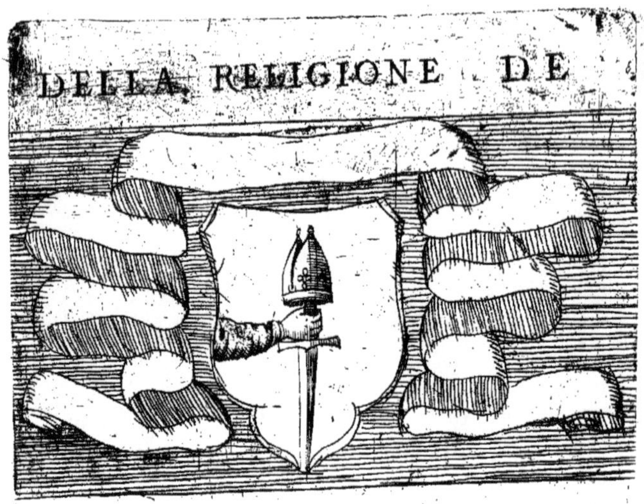


Ben fù S. Giouanni Gualberto verace immittatore di Christo nel perdonare a suoi nemici. Mà seguì molto più la via del Cielo nel farsi Monaco, apprendendo nella Scola di Camaldoli sotto la disciplina di S. Romualdo il vero modo d'acquistar il Cielo. Mà qui non si fermò, che insegnò ad altri quello, ch'egli haueua appreso. Onde edificò in Valle Ombrosa vn pouero conuento, che bastò per Thesoro ad acquistar il Cielo. Vestì d'azurro li suoi fratelli, non alterando nel rimanente in parte alcuna l'habito Camaldolese, il color à poco à poco alterandosi, hora e tanè violato. Cosi vestono fino al dì d'hoggi questi Monaci osseruatori delle regole, et institui primi, e ripieni d huomeni litterati, e Santi.

MONACI DI VALLE OMBROSA
29

# DELLA RELIGIONE DE

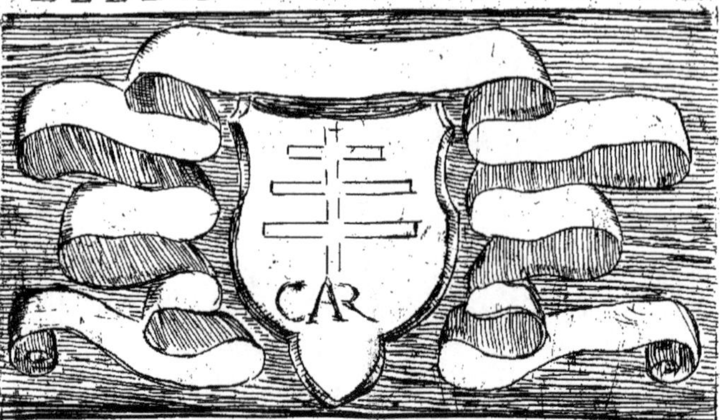


I Certosini tragono il nome loro dal monte di Cartusia che fù da Vgone Vescouo di Granobia donato a S. Bruno Capo. e fondatore di questo ordine. Iui fù la prima Chiesa loro con le celle fabricata, et iui cō silentio attendeuano alle orationi, et con le proprie mani lauorando si guadagnauano il viuere · i primi Eletti, et instituiti dal santo, con digiuni e discipline macerandosi, et afligendosi per acquistare il Paradiso. Mancò S Bruno di vita l'anno 1101 · lasciando il suo ordine, che è andato crescendo al numero di 193 · monasterij in circa · Vestono questi tutti di bianco, fuor che la cappa nera portano il Cilitio sù le carni, non magiano carne, osseruano gran silentio, e digiunano in pane, et acqua ogni venerdi · Mangia ogn'vno nella sua cella eccetuato le Domeniche, e feste principali, nelle quali mangiano insieme in refetorio; Possono però frà di loro parlare in certi giorni trà nona, e vespero.

CERTOSINI
20

# DELLA RELIGIONE DE'

La religione de Ciſtercienſi fu inſtituita da Roberto Abbate nel monaſterio di Moliſmo, et ampliata molto da S. Bernardo, che quindeci anni doppo vi entrò dentro con trenta compagni. Oſſerua l'ordine di S. Benedetto. Ha hauuti inumerabili privilegij, quantità grandiſs.ma di huomini santi, di Pontefici, e Cardinali. L'habito era tutto nero, da S. Bernardo fu riformato, come hora è, di tonica bianca con patienza ſtretta al petto, e cocolla nera, et mentre officiano in chieſa hano la cocolla bianca, ſono accreſciuti à numero infinito li monaſterÿ di queſta religione et con abbondantiſs.me richezze, ma non è merauiglia ſe si auanza in terra chi è protetto dalla Regina del Cielo, come è queſta religione a lei particolarmente raccomandata.

CISTERCIENSI
B
31

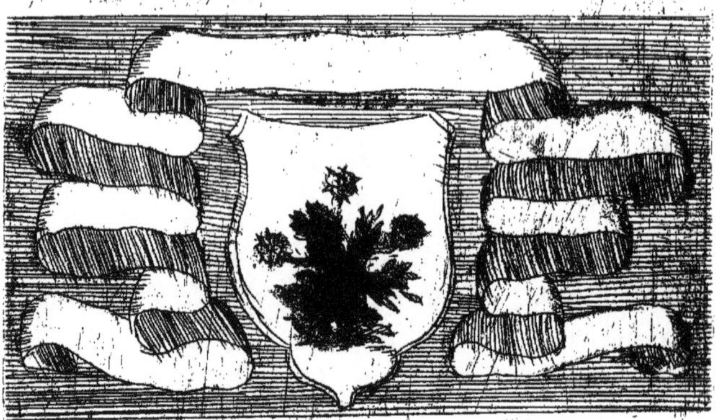

Il Beato Joachino fù l fondatore di questi Monaci, doppò le penitenze da lui fatte in S. Marco di Venetia Chiesa fabricata col suo consiglio, et ornata di figure profetiche ordinate da lui. Instituì quest' ordine in vn cortile di Costanza sua Patria nella Calabria, doue edificò vna Chiesa, et Heremo. La Regola sua fù seuera, l'habito da Monaco di panno ruuidissimo, e tutto bianco, e corto fin meza gamba, andaua scalzo con tutti li suoi Monaci, portando le scarpe al modo de gli Apostoli de quali anco nelle buone opere era immitatore. Dal luogo detto S. Gio. de Fiori sono detti Florensi, Fù quest' ordine finalmente vnito a Cistercensi, nel quale haueua preso l'habito il beato Joachino, et hauuta la dignita d'Abbate prima, che instituisse il suo particolar ordine de fiori.

MONACI FLORENSI.

L'anno 1575. fù da Gio: Barzeua Abbate nel Monasterio di S.ta Maria fogliense riformato l'ordine Cisterciense con più seuera disciplina, i suoi religiosi non mangiano carne, ne oua, ne vino, se non per grauiss.ma infermità. Mangiano herbe, legumi, e frutti, e laticini alcune volte. Lauorano tutte le robbe per loro vso, e mentre loro lauorano sempre vno legge libri spirituali. Osseruano il silentio, e l'obbedienzza seueramente. Vsano carità grandissime à poueri. Non saprei, che bramar più in vn perfetto seruo di Dio. Vaño scalzi col capo scoperto Vestiti di panno bianco netto, e pulito, ma grosso, e vile. Dormono sopra le nude tauole, e quando vanno fuori di casa portano vn Cappuccio in capo, et i zoccoli in piedi, l'insegna loro e quella, onde hanno il nome santa Maria dipinta in certe foglie.

CISTERCIENSI RIFORMATI DI S.TA
MARIA FOGLIENSE
33

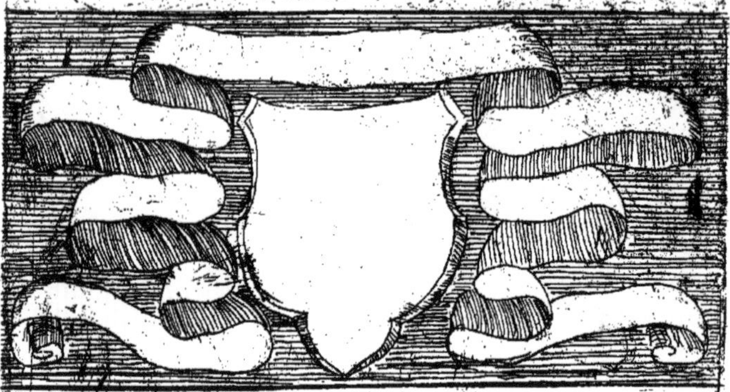

Steffano figliolo di Steffano sig.r della villa di Mureto in Guascogna doppo esser stato dodici anni monaco sotto la cura di Milone Arciuescouo, si ritirò nella villa con molti discepoli, et sopra vn horrido monte fece penitenza seuerissima, coprendo le carni col ferro, digiunando, e disciplinandosi circa l'āno del sig.re 1026. ma venuto egli à morte, scacciati li Monaci dal monte, doue haueuano scielta l'habitatione, e dubbiosi del luogo, al quale douessero incaminarsi, furono da celeste voce indirritti à Grandimonte, doue capitorono, e fabricorono la chiesa loro, riceuendo dal luogo il nome. Continuano la santità della vita, e seuerità delle penitenze: vestono sopra il ferro vna tonica di rassa grossa, nè eccedono il numero di dicisette monasterij più riguardeuole per il zelo, e vita loro, e per la qualità della religione, che per lo numero de religiosi.

GRANDIMONTE
34

DELLA RELIGIONE DE GLI

Dalla crudeltà vsata per federico Barbarossa Imperatore contro la Città di Milano, et i principali di essa; scacciati da lui, et confinati in Germania nacque la Religione de gli Humiliati, poiche vestirono gli esuli di bianco cō veste sino al ginochio, et con beretta di lana rotonda, et impetrorno prostrati all'Imperatore di ritornare in Italia: oue fuggendo l'otio lauorauano di lana, viuendo in cōmune, dando quāto cauauano dalle loro fatiche per elemosina à poueri, et essercitādosi nell'orationi, et opere pie, fin chē hauendo prete Giouanni da Meda riceuuto dalla Beatiss.ma Vergine l'habito biāco, ritiratosi cō loro gl'indusse à riceuere la regola di S. Benedetto, come seguì l'anō 1180 vestendosi cō vna patienza cō vn capuccio picciolo cuscito a dietro, vna veste longa di sopra, et alquāto tagliata dalle bande per metter fuori le braccia: di sopra portano vn capuccio grande, che loro copre il più delle spalle à modo delle mozette da Cardinale con beretta rotonda in testa, et i Prepositi quadra come i preti, il tutto bianco. Ora questa religione è estinta.

HVMILIATI

# DELLA RELIGIONE DE

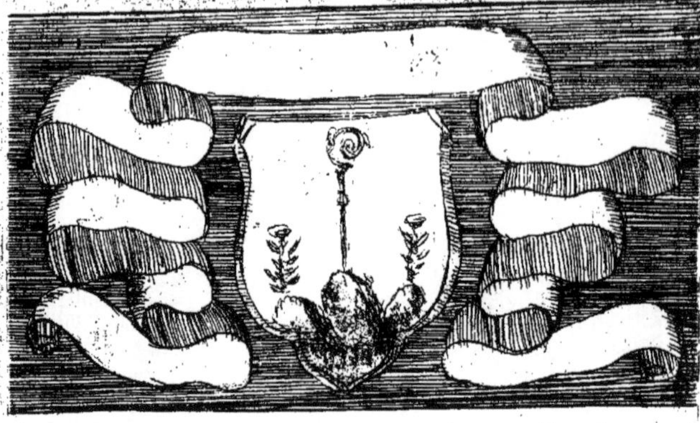

Il Beato Siluestro Gozolini, che fù Monaco Benedittino instituì l'ordine di questi Religiosi, accrescẽdo loro l'austerità delli digiuni, et orationi. Fondò il primo Monasterio l'anno 1269. in Monte fano Territorio di Fabriano. e li vestì, come tuttauia vanno vestiti alla forma in tutto de Monaci neri. Ma di ruuidissimo panno, e di color bigio, ch'è mistura del color de peccati, con la purità, et innocenza de costumi propria di questi religiosi. Dicono tutti gli Vfficij in Chiesa, attendono alle contemplationi ne loro rinchiusi Oratorij, impiegando tutto il tempo nel seruitio di sua diuina Maestà.

MONACI SILVESTRINI
26

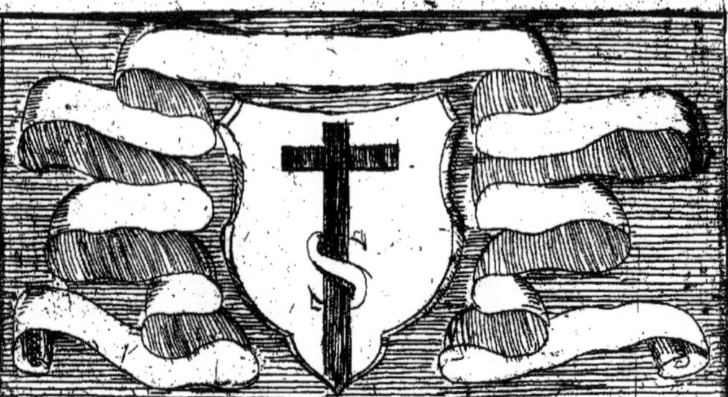

Pietro Murone che fù poi Papa Celestino nacque in Isernia Cità nel Regno di Napoli, e portò seco dal'utero una inuoltura, che pareua habito di Religione. vestì l'ordine di S. Benedetto, e la regola di quel santo caduta in molti disordini riformò con vita religiosa, ottenendone da Gregorio decimo la confirmatione. Radunò gran numero di seguaci, e fabricò monasterij, chiaro per la santità, e per le penitenze. fiorì gl'anni di Christo 1299 fù eletto Pontefice, rifiutò il Pontificato, et acquistò il Cielo. I seguaci di lui vestirono già panno vilissimo di color di Camelo, hora portano una Tonica bianca, patienza sciolta, scapolare, e cocola nera. Il capo loro ha titolo di Abbate et godon tutti i priuilegij de Benedettini da quali non sono in altro diuersi che nella riforma.

CELESTINI

DELLA RELIGIONE DE

Dal monte Oliueto posto nel Territorio di Siena, doue hebbe principio questa Religione prese anco il nome. Fù suo fondatore Bernardo Tolomei Senatore, e publico professore di filosofia. Hebbero questi Religiosi per diuina riuelatione della Beatiss.ma Vergine vna veste bianca con la regola del gran Padre S. Benedetto. E però portano tonica, scappelare, e tonica bianca. Fù instituito quest'ordine l'anno 1320. et approbato da Gregorio duodecimo sômo Pontefice l'anno 1372. Si è diffuso per Italia, doue hà 74. nobillissimi Monastery, et alcuni in Ongaria, dando in ogni luogo compito saggio di Christiana perfettione.

MONACI DI MONTE OLIVETTO

38

Fù l corpo di S.to Antonio trasferito in Francia presso la Città di Vienna, doue si fece risplendente con infiniti miracoli, frà li quali vi sono Gastone, e Girondo suo figliuolo huomeni di molta nobiltà e ricchezza. À questi spirò nel cuore, et apparendo in visione, comandò che fabricassero vicino alla Chiesa, doue questo Santo corpo era riposto vn Monasterio, et Hospitale, doue si riceuessero, e facessero curare gl' infermi del fuoco sacro. Dando per insegna à quest' ordine il segno Tau. Così essequirono, e di là nacque la Religione di questi Padri, che da lui si nomano. L' habito loro è vna tonica Leonata, patienza, cappa, e capuccio neri con vn T. lionato segnato nella parte sinistra del Capuccio Lo stesso T. hà nell arme in mano ad vn pouero con vna mano di sopra, di benedisse e ben deue esser benedetta da Dio, religione fondata da vn Santo miracolosamente, e c'hà per fine gli effetti della carità.

ORDINE DI S.to ANTONIO
39

# DELLA RELIGIONE DE

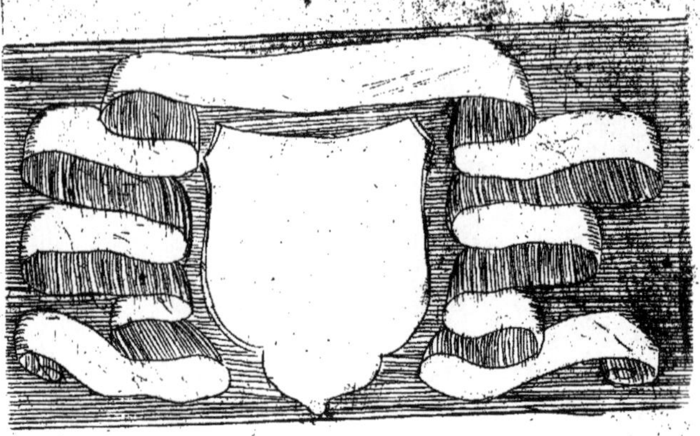

Furono questi Religiosi instituiti in luogo detto Premostrato, dal quale hanno preso il nome, il loro capo fù s.to Noberto, che fondò l'ordine intorno à gli anni di Christo 1120. Sotto Honorio Secondo Pontefice Massimo. Onde son detti Canonici Regolari di s.to Agostino. Gli Abbati loro sono perpetui, e portano insegne Episcopali; hauendo anco facoltà di dare gli ordeni Minori à loro Canonici. Portano vna tonica bianca, et vn rocchetto di lino sottiliss.mo e di sopra vna cappa bianca aperta, come quella de Carmelitani. Ma non è minor il candore dell'opre, e de costumi di quello, che sia dell'habito, e delle vesti.

CANONICI REGOLARI RREMOSTRA
TENSE
40

# DELLA RELIGIONE DELLA

La Religione de monaci della Santiss.ma Trinità hà per fine lo riscatto de Schiaui dalle mani de gl'infedeli, anzi lo riscatto dell'anima propria dalle mani del Diauolo col mezzo di liberare gli schiaui. Fù instituita da Papa Innocentio terzo del anno 1198. Riceuè il suo carico et l'habito con visione Angelica; poiche ricercato il Pontefice da Giō: dalla Motta, e Felice, beati Romiti à dar loro vna regola, e celebrando messa con l'assistenza de Cardinali per riceuer da Dio il lume di darla, vide l'Angelo nella celebratione, che cambiaua, è riscattaua schiaui, da che trasse l'obligo di questi Religiosi, e l'habito dalle vesti dell'Angelo, che erano vna veste bianca, con vna Croce su'l petto di due colori rosso e celeste; così il candore della pura fede, e'l rosso dell'ardente carità cō vero zelo celeste cōstituiscono la vera religione chi è mostrata da gl'Angeli a gli huomini per acquistar il Cielo.

4.2

SANT.MA TRINITÀ

41

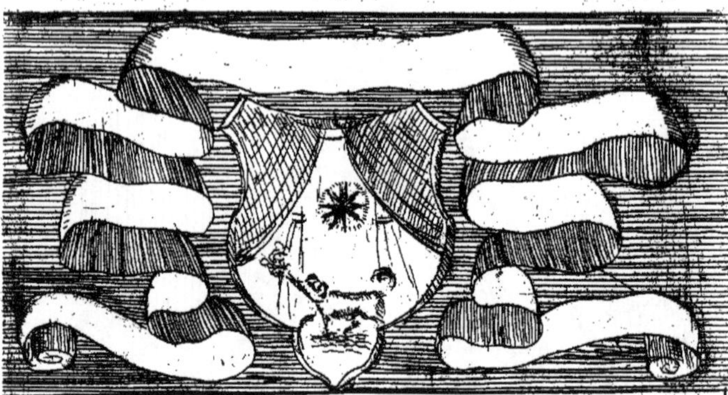

Fù Innocentio terzo Somō Pontefice doppo hauer negato a S. Domenico la confirmatione dell'ordine che egli haueua fabricato, am̄onito da vna visione à concederlo. perche vedendo la Chiesa à cadere paruele anco di vedere che S. Domenico la sostenesse, onde confirmò la Regola del 1216. che trasse S. Domenico da quella di S. Agostino. sono li frati, e i Monasterij di quest'ordine in grandissimo numero, e d'infinito merito, e valore, vestiuano vn Rochetto di tela bianca; ma riceuuta Maestro Reginaldo in visione dalla B. Vergine vna veste bianca, et vn mantel nero fù mutato, et vestono al presente vna tonica con vna patienza sopra, et sopra questa vn capuccio il tutto bianco; portano anco di sopra vn mantello col capuccio nero.

DOMINICHINI
42

DELLA RELIGIONE DE

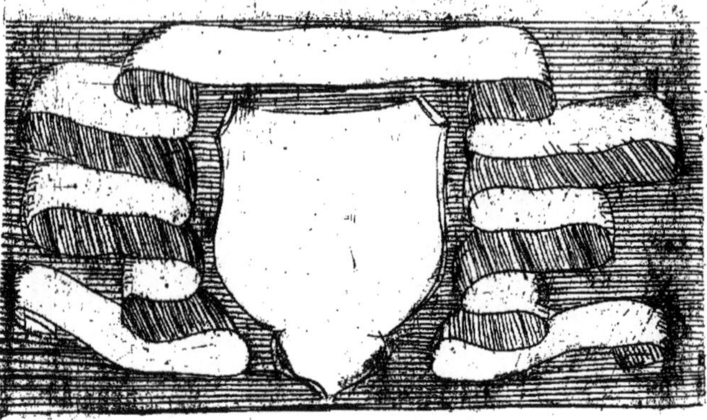

Hebbero questi Religiosi l'origine loro d'Armenia, e però ne conseruano ancor il nome. Furono instituiti dal Gran Padre S. Basilio. Passati in Italia lascioro:no l'habito greco, e la regola prima, c'haueuano. Poi che sotto Innocentio terzo Sommo Pontefice rifor:morno i ritti loro, facendo professione, secondo la rego:la di S. Agostino, seruando la constitutione di S. Dome:nico, fuce, et vestendo apputo come i Padri di S. Do:menico, fuor che la patienza, che portano nera. Hanno otto Monasterij, ne quali viuono con molta pietà, e con frutto dell'anime, Il Principal loro è S. Bortola:meo di Genoua, doue custodiscono il pretiosissimo The:soro del Sudario di Nrõ sig.re ben degni custodi di cosi santa reliquia.

MONACI ARMENI
43

# DELLA RELIGIONE DI

La Madre Santiss.ma di Dio, che fù instromento di redimere l'humano genere, instituì questo ordine per la redentione de gli Schiaui l'anno 1218. per sua riuelatione fù fondato da Don Aimo Rè d'Aragona et alcuni santi Padri. Il fine è lo riscatto di schiaui da gl'infedeli riuscito con molto frutto; La regola è di S. Agostino hauuta l'anno 1229 dal Somo Pontefice Gregorio IX. Già hebbero gran maestro, e molto numero de Caualieri laici, hora sono i soli sacerdoti con molta diminutione dell'opere che soleuano farsi. L'habito loro è tonica scapolare, e Cappa tutto bianco, et hanno l'arme delli Rè d'Aragona, mà assai più quelle di Christo nel cuore e nell'opere.

S. MARIA DELLA MERCEDE
DE CATTIVI

44

Nel mezo à grandiss.me afflittioni fu per riuelatione diui:na dato principio all'ordine de Serui intorno à gli anni del Sig.re 1256 · furono fondatori sette huomeni ricchissimi, che si ridussero sopra il Monte Secca:rio presso à Fiorenza à seruitio di Dio · Hebbero il nome con miracolo euidente da i fanciullini, e Bambini lattanti che li chiamorono Serui della Beata Ver:gine · Loro diede l'habito nero con tonica, scapolare, e Mantello nero la stessa Maria loro Auocata, ordi:nandogli in visione, che viuessero sotto la Regola di Santo Agostino · È fatta principaliss.ma religione con molti Monasterij, e ripiena di huomini dottissimi e Santi · Ha hauuto infiniti Prelati, molti Cardinali, Scrittori celebri, et chiari ·

PADRI SERVI DI S^TA MARIA
45

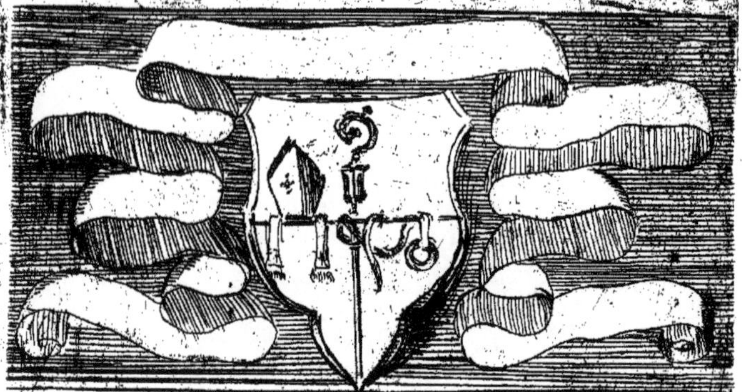

Gli Heremitani di S. Agostino prima dispersi per gli heremi furono con l'autorità di Anastasio Quarto, et Adriano quarto Somi Pontefici ridotti nelle città et si chiamorono Guglielmiti dal Duca Guglielmo di Guascogna, che restituì questo ordine, fin che da Innocentio quarto furono riposti sotto la regola di S. Agostino, e chiamati Heremitani. Sono di numero infinito, et hanno molti monasterij: Vestono vna Tonica con maniche larghe, capuccio magnifico di scotto, ò di panno, il tutto nero, e di sotto vestono di bianco. si cingono la tonica con vna cinta di cuoio con vn osso di ebano. vestono talhora tutti di bianco per casa, et inuero il candor della purità, e della fede vanno del pari col nero del dolor de peccati, e della penitenza.

HEREMITANI
46

Non fù questo ordine instituito dal Santo, dal quale riceuè il nome; mà portato il suo corpo in Vngheria Eusebio Strigonense l'anno 1215. constitui questa Regola, che accresciuta con autorità Episcopale l'anno 1263. hebbe il nome da S. Paolo primo Eremita, e del 1308. fù ridotta alla santa Regola Agostiniana approbata del 1317 dal somō Pontefice Giō. XII. Il vestito è di ruuido panno bianco; non posono questi religiosi portar di rassa altro, che la camiscia: hanno vno scapolare grāde, e rotondo, e di sopra vn mantello corto dello stesso, vanno scalzi con scarpe all'Apostolica; Ne deuono le nostre piāte vscire dall'orme de gli Apostoli, se vogliamo indrizzarsi per la via del Cielo. Non eccedono questi il Regno d'Vngheria, doue haueuano molti Monasteryj, sminuiti al presente per gli acquisti de Turchi.

S. PAOLO PRIMO HEREMITA

DELLA RELIGIONE DELLI

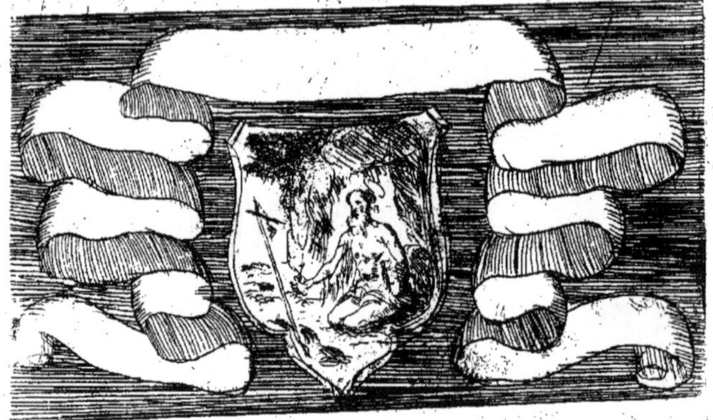

Alcuni Heremiti d'Italia per diuina inspiratione passati à Toledo, et vnitisi ad alcuni Vescoui, et gentil'huomeni Spagnoli diedero principio à questo ordine intorno a gl'anni di Christo 1360. Otténero l'approbatione da Gregorio Vndecimo Sommo Pontefice et insieme la regola di S. Agostino l'anno 1375. L'Habito loro è vna tonica, scapolare, e cappa tutto di color tane, conforme nel resto à gl'altri heremiti di S. Agostino. Questa Religione possiede il famoso tempio dell'Escuriale, ha bellissima libreria, è protetta dal Rè di Spagna, riesce di grandissimo frutto in quel Regno.

HEREMITI DI S. GIEROLEMO
DI SPAGNA

48

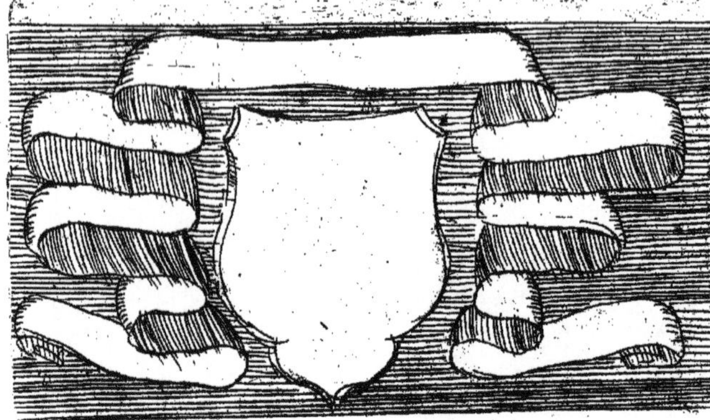

Essendo molto accresciuta in n.° et in Monasterij la Congregatione di S. Gerolomo approuata da Gregorio Vndecimo Somo Pontefice l'anno 1379. fù Generale dell' ordine il Padre Lupo Olmetto, il quale con altri padri dello stesso suo pensiero ricorse al Papa, ch'era Martino Quinto, esponendo, ch' essendo essi Padri di S. Girolamo, stimauan bene osseruare i ritti, e costumi, che haueuano trouato nell' Epistole di quel Santo, imitando la sua vita. Così ottennero lasciata la regola di S. Agostino di viuer conforme à quella formata dal Padre Lupo; Mà opponendosi i principali dell' ordine, al voler de quali pochi continuorono la forma, e regola vecchia. Restando nouo fondatore il Padre sudetto di vn sol Monasterio chiamato S.te Alessio di Roma. Vestono i suoi Religiosi, come gli altri tonica bianca, e scapolare, e patienza di color taneto, ò leonato, mà portano vna cappa alla Monacale rinchiusa dauanti del medesimo color leonato.

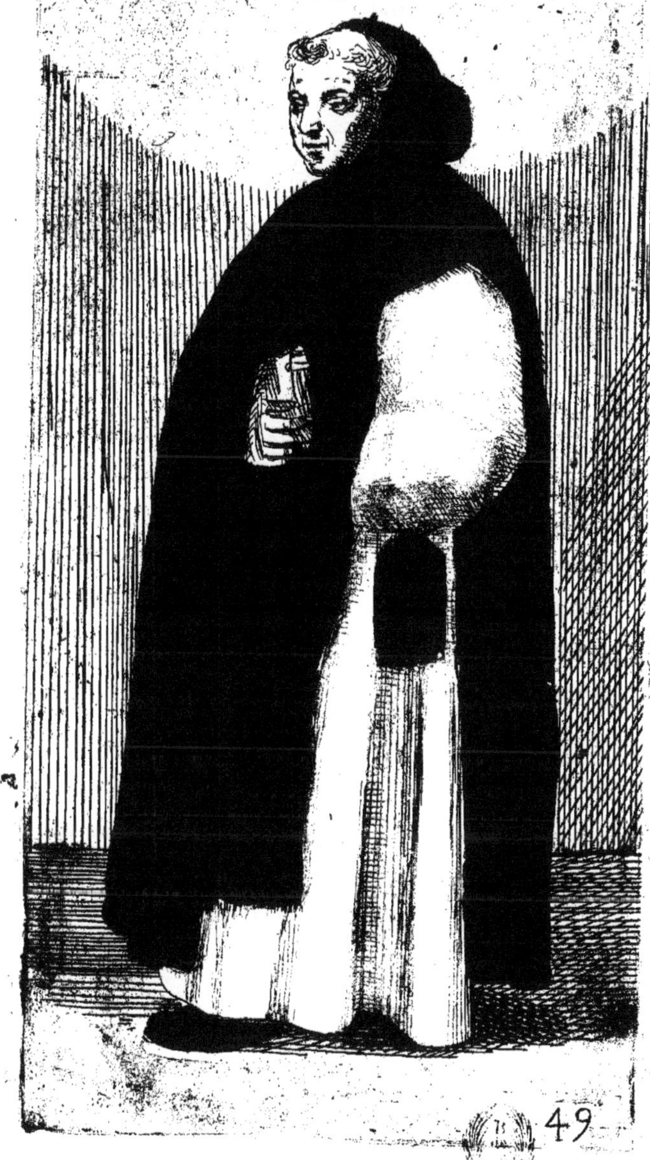
PADRI DI S. GEROLOMO INSTITVI-
TI DA LVPO OLMETTO.
49

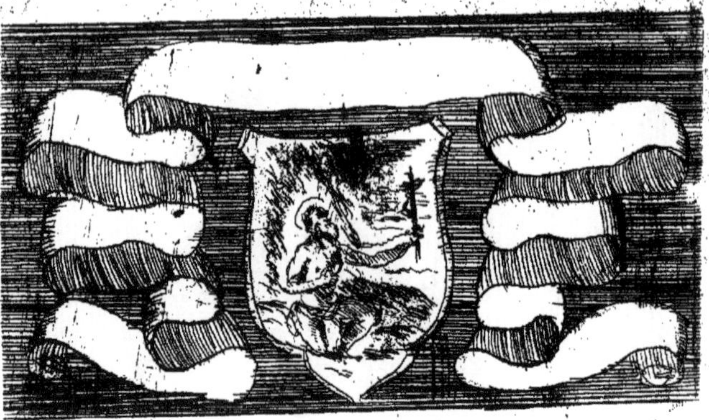

Il Beato Giouanni Colombino Sanese hebbe da Vrbano Quinto sommo Pontefice l'habito di panno bianco per questi Religiosi da lui instituite l'anno 1367. Viuono sotto il patrocinio del Gran Padre Agostino Santo. Osseruano vna regola scritta da vn loro Padre, che fù Vescouo di Ferrara. Hebbero il nome da bambini, che non sapeuano fauellare miracolosamente. Non soleuano già dir Messa, ne vffitiare alla Romana, ma diceuano vn numero di Paternostri, et Auemarie. Hora la dicono, et recitano i diuini vfficij Hanno molti Monasterij, Portano sopra l'habito bianco il Mantello tanè, il capuccio bianco, et i zoccoli di legno. Ne breui Ponteficij sono detti Chierici Apostolici, e portano la chierica ad vso de Preti.

GIESVATI

DELLA RELIGIONE DI

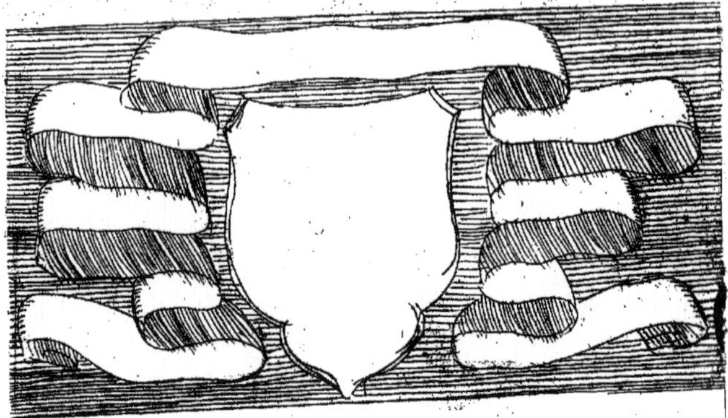

Santa Brigida Regina di Suetia instituì quest'ordine, che da lei porta il nome. Fu confirmata da Vrbano quinto sommo Pontefice, fece i suoi Monasterij questa Santa con sessanta Monache, e nello stesso Claustro diuise con mura altissime ripose tredeci Padri Sacerdoti, quattro Diaconi, et otto Conuersi, Acciochè fossero amministrati li sagramenti alle suore; L'Habito loro fù vna tonica biggia con Mantello, e Patienza delle stesso colore. Li Sacerdoti portauano sù'l Mantello alla parte sinistra vna Croce Vermiglia, con vn Hostia di panno bianco nel mezo. I Diaconi nelle stesso luogo vn circolo bianco con quattro lingue di panno rosse sopra. Et i Conuersi vna Croce bianca. Hor è da gli Heretici quest'ordine poco men che destrutto.

DI SANTA BRIGIDA

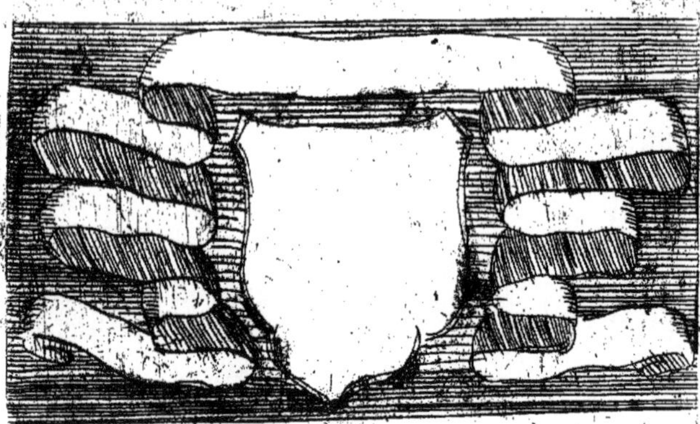

Vestono questi Religiosi di scotto leonato, con tonica, e scapolario, che li pende da dietro, con vna calzetta che portano accomodata sotto il Mantello dell'istesso colore crespo. Con i zoccoli di legno à piedi scalzi. Furono instituiti dal Beato Pietro Gambacorta Caualliero Pisano. Et hanno il nome dal Colle nel quale si fondò il primo Monasterio fra le amenissime Colline di Cessana. Principiorono l'anno 1380. sotto Vrbano terzo. Cominciorono sotto Pio Quinto à viuere in commune l'anno 1569. con molta santità. Attendono alle lettere, et à predicare in seruigio delle anime altrui, ch'è vera strada di saluare la propria.

HEREMITI DI S GIROLAMO
DI MONTIBELLO.

Nell'anno del signore 1406. fù da Carlo Conte di Granello e compagni sopra i Monti di Fiesole dato principio à questa Religione, con l'habito del terzo ordine di s. Francesco. Fù da Gregorio XIII. Sommo Pontefice approbata; le diede la Regola di s. Agostino, et vn habito di color bigio, si cingono questi la tonica con coreggia di cuoio, portano di sopra vn Mantello crespo aperto auanti. Nel principio portauano i zoccoli di legno, mà gli hanno lasciati. Hanno molti Priuileggij, come hanno gli altri Mendicanti, e circa quaranta Monasterij, seruendo con gran feruore a sua Diuina Maestà.

PADRI DI S. GIROLAMO
DI FIESOLE

DELLA RELIGIONE DELL'

Ha questa Religione il nome di S.to Ambrogio, dal quale fù instituita presso à Milano. Osserua la Regola di S.to Agostino. Hà la veste heremitica di color leonato, la patienza, e la cappa. Fin l'anno 1441. hebbe da Eugenio quarto Sommo Pontefice la confirmatione dell'officiatura, e regola fatta. Hà per insegna vn Santo Ambrogio, Dimostra nel color leonato il disprezzo della vanità del mondo, et la fermezza di seruire à Dio, com' è proprio de compiti, e perfetti religiosi:

ORDINE DI S. AMBROGIO
AD HOMUS
54

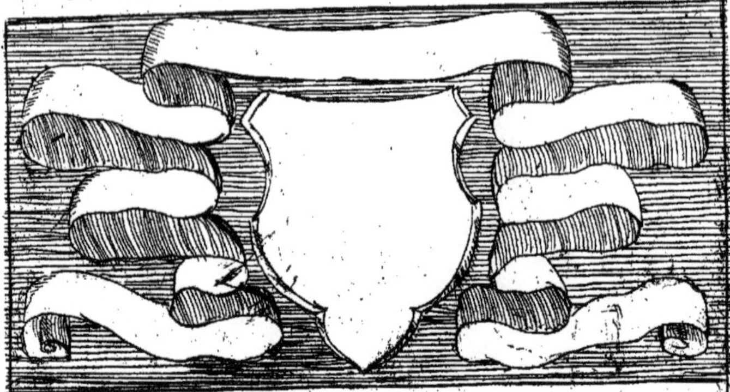

Fino da S. Barnaba Apostolo tragono l'origine, e'l nome loro gli Apostolini, che congregati da lui, e viuendo in comune secondo l'instituto Apostolico hanõ continuato per lunghissima serie d'anni à seruire à Dio con le orationi mentali, astinenze, e digiuni, fin che l'anõ 1484 da Innocentio Ottauo ottenero di celebrar messa; Furono posti nella regola di S. Agostino con far la professione, e godere i priuilegi de gli Agostiniani, riceuendo l'habito, che è vna patienza con lo scapolare insieme cuscito, et vna cinta di cuoio di colore tanè, ò lionato, ne portando altra cappa se non il verno vn mantello de lo stesso colore, ristretto come quello de Zocolanti. Hanõ pochi monasterij: fan capitolo, e'l loro capo chiamano Vicario generale.

APOSTOLINI

## DELLA RELIGIONE DELLI

Giouanni Deuera nato in Portogallo huomo di santissima vita esercitando ogni opra di carità verso gl'infermi, et i prigioneri, meritò il cognome di Gio: di Dio; Et raunando compagni in così lodeuole, e Christiano instituto, fondò questa religione e hebbe l'approbatione, e la Regola da Pio Quinto Santiss.mo Pontefice, che lor diede quella di S. Agostino, Et da Sisto Quinto ottenne di potersi congregare, e far Capitolo generale in Roma. Vestono questi Padri vna tonica con la patienza, et vn poco di Capuccio in capo; e le sporte sopra le spalle in segno dell'vfficio loro, ch'è andar cercando, et mendicando per li poueri infermi, e carcerati, anzi pure per far acquisto à se medesimo del Cielo.

HOSPITALARII DI GIO DI DIO
NOMINATI I BEN FRATELLI
56

DELLA RELIGIONE DE GLI

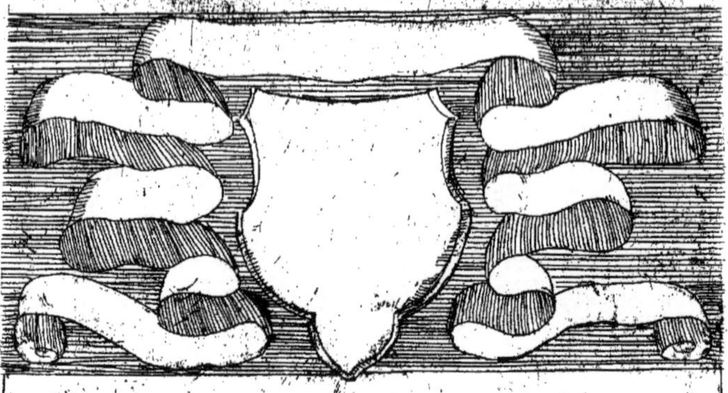

Gli Heremitani di S. Agostino, detti gli scalzi di spagna professano di osseruare rigorosamente l'antica regola di S. Agostino, et le asprezze di S. Girolamo; cominciorono poco auanti l'anno 1360. et fu l'ordine confirmato da Gregorio XI. sommo Pontefice l'anno 1373. Vestono habito corto, e tutto nero di grosso panno, ouero herbazo, con vn capuccio pouero, e parimente il mantello corto da vero heremita: la chierica da frate, la barba rasa, et li piedi ignudi, e talvolta le suole all'Apostolica. si cingono con vna cintura di cuoio con osso nero, come gli altri Heremitani: ma cingono l'animo di molta diuotione, e la vita di molta penittenza per farsi ali di salire al Cielo.

HEREMITANI SCALZI

# DELLA RELIGIONE DELLI

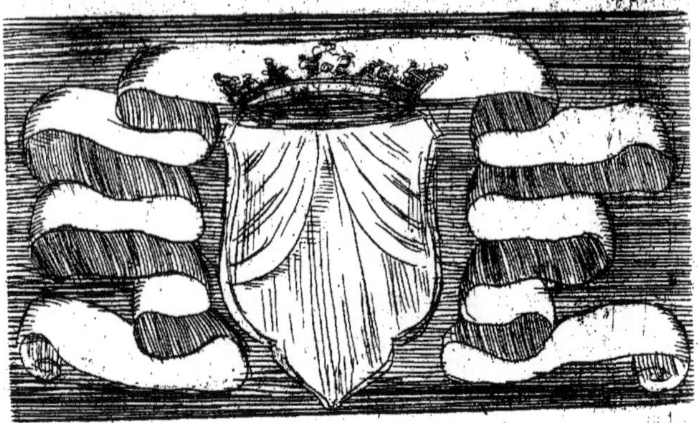

I Padri Carmelitani rifferiscono la institutione, e principio dell'ordine loro alli S.ti Profetti Elia, et Eliseo. Molti sono li scrittori, che scriuono la continuatione loro, e li santi principij del Monte Carmello, dal quale hanno il nome, la Madre Santiss.ma di Dio, et particolar protettrice di quest'ordine, e l'hà sempre fauorito con molte visioni. Hebbero la regola d'Alberto Patriarca di Gierusalemme circa gli anni di Christo 1171 Che fù approuata da molti Pontefici. Per riuelatione diuina, e comandam.to di Maria Santiss.ma Madre di Dio passorono questi Religiosi et si sparsero per il Mondo con grandiss.mo frutto dell'anime. Et hebbero huomeni santiss.mi e dottissimi fra di loro; Ma particolar diuotione conseruano verso N.ra Sig.ra Hanno vfficio loro proprio. Portano la tonica, lo scapolare, la patienza, et il Mantello tutto di color cauellino, la cappa bianca, et in capo vn capello nero. Et alcuni di loro, che hanno pochi Monasterij, e sono in certe cose di poco momento differenti da gl'altri bianco.

CARMELITANI

## DELLA RELIGIONE DE

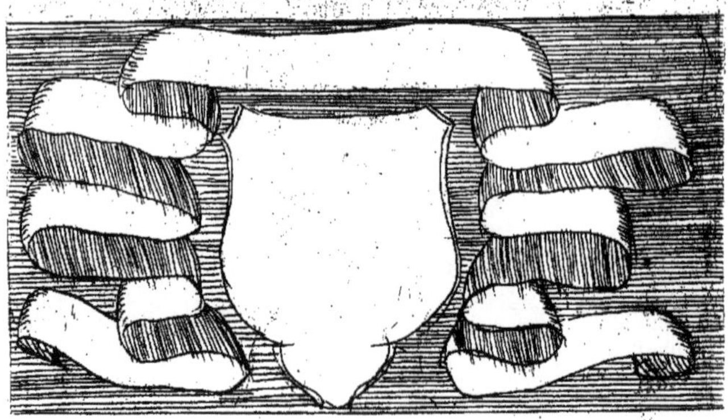

L'antica religione de Carmelitani, deuiata parte da se stessa, e parte con indulti, e priuileggi dal suo antico feruore, e da quella austerità di viuere che vsaua prima, fù dalla Madre Teresa hora Santa ritrouata, e ridotta à suoi instituti, circa gl'anni di Christo 1535. Instituì questa grã Donna per comãdamento, e riuelatione di Dio quest'ordine de Carmelitani: vestì quanto à gli habiti come gl'altri, mà di ruuidissimo panno, e scalzi, onde prendono il nome. Riescono di grandissimo frutto nel seruitio di Dio, et dimostrano che quanto più i Religiosi si discostano dalle delitie del Mondo, più si fanno vicini al Cielo.

Cleto, che fù il terzo Pontefice della Chiesa di Dio, ammonito dalla voce di sua diuina Maestà nel prouedere a pelegrini, che praticauano in Roma et alloggiamento, instituì l'ordine de Crocigeri, che portando vna croce in mano à ciò seruiuano. Continuorono in questa sant'opra, fin ch'egli visse apertamente, doppò in occulto, fin che ritrouata da S.ta Helena la croce, et fatto Ciriaco il Santo Vescouo di Gierusalemme, furono da lui raccolti, e di nouo si posero a portare la croce in publico, et essercitare l'Hospitalità. Fù confirmata da Innocentio terzo Sommo Pontefice, come da altri successori di lui. Ma da Pio secondo hebbe il color turchino azuro, che auanti era di bianco; e fu confirmato, che andassero questi Religiosi sempre con la croce in mano, come han fatto, et fanno tutt'hora. L'habito, e patienza, veste, mantellicia, cappuccio à guisa di mozzeta, e beretta clericale tutto del color del Cielo, che in vero non voleua altro color, che celeste hauendo per riccami le stelle del merito. Hanno per insegna tre croci d'oro sopra tre Monti verdi in campo azurro, come qui all'incōtro.

CROCIGERI
60

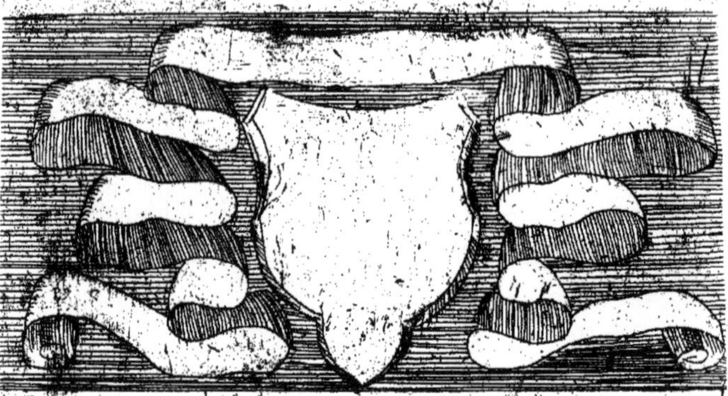

Essendo gridata vna cruciata contro gli Heretici Albernesi vinti in vna giornata crudelissima li crucigeri che restorno continuorono à portar la croce, e fecero quest'ordine fioritiss.mo nel Ducato di Geldria; e l'habito loro vna tonica bianca con scapolare negro, al quale è attacata vna croce di color, rosso, e bianco, la coccola alle volte dietro le spalle, ma sempre et in ogni luogo per scoprirsi veri seguaci del crocifisso portano la croce nell'habito, e la memoria di lei nel cuore.

CRVCIGERI DI ALEMAGNA
61

DELLA RELIGIONE DELLI

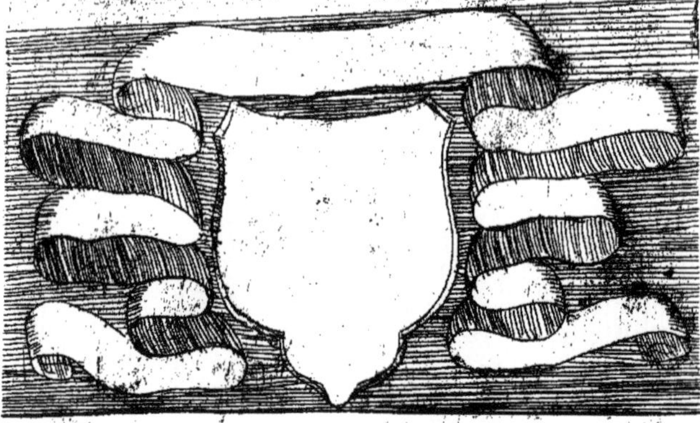

Questi Religiosi nelle altre cose conforme alla Religione vniuersale de Crucigeri, sono diuersi nell' habito esteriore. Portano in cambio di Mantelina la coccolla, et in vece di mozzetta vn capuccio da Monaco. Et son del Colleggio ricchissimo di Cuora Città di Portogallo. Sono però membri di quest' ordine medesimo, dal quale quasi balia, è nutrice è stata alleuata la primitiua Chiesa col latte della verità, et illustrata col sangue de suoi martiri in molto numero, e con la gloria di persone dottissime, et innocenti, che sempre han fiorito, e tuttauia fioriscono in questa nobilliss.[a] e antichiss.[a] religione.

CROCIGERI DI PORTOGALLO

# DELLA RELIGIONE DELLI

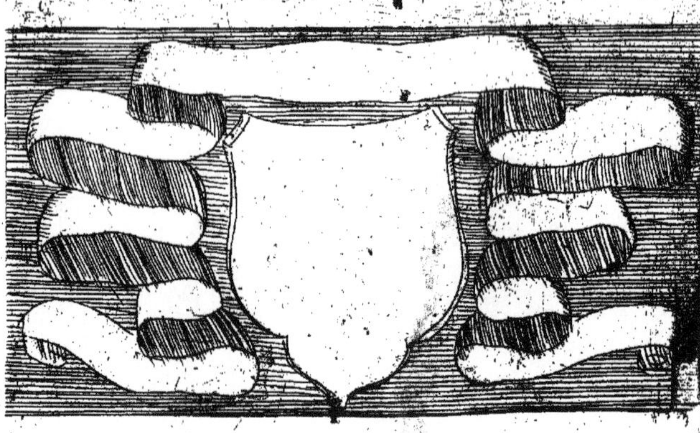

Nell acquisto di terra Santa essendo molti Religiosi Crocigeri passati in quelle parti à redifficare i loro Hospitali, ma riceuendo da nemici di Christo molti trauagli con perdere gli haueri, e la vita, tanto puote l'essempio loro, e la carità in alcuni Gentilhuomini Thedeschi, che erano Hospiti loro, che si fermorono à seruire nell'Hospitale, diffendendo le strade con l'armi. Mà auanzandosi molti in nº., et però separandosi da primi Crocigeri, et raccolti i Thedeschi [illegible] insieme, ritenero la croce nelle mani, come si vede. Ma presero il color nero, hauendo la Coccolla, et il Capuccio alla Monastica mà con Tonica, e maniche ristrette, come i Crocigeri. Sono dalla rabbie Turchesca quasi estinti.

CROCIGERI DI SIRIA.

## DELLA RELIGIONE DE

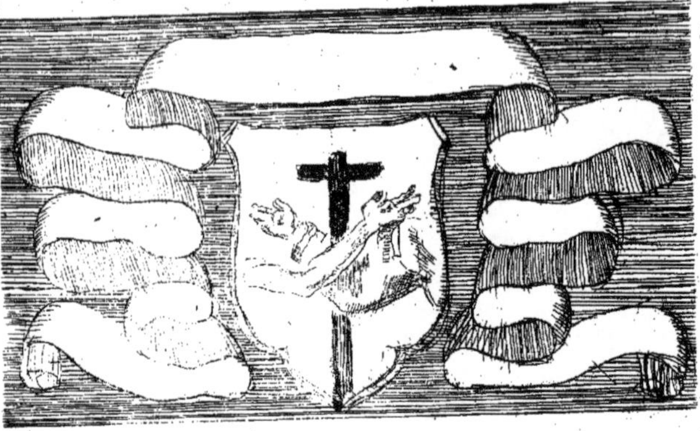

Non credo, che vi sia luogo, oue non sia nota questa Religione. E ben vede ogn'vno dalla tonica di ruuido panno; col capuccio ristretto, dal Cordone grosso, et aggroppato, e da i zoccoli di legno, che questo è vno di quei frati di S. Francesco che S. Bernardino da Siena instituì, e riddusse sotto il vero rigore della Regola con incredibil honore, e gloria di S.ta Chiesa intorno a gl'anni del sig.re 1400. E Religione d'innumerabili Monasterij e ripienna sempre de Dotti, et buoni religiosi, che adempiscono con frutto grandissimo dell'anime Christiane il debito loro; et hanno per tutto bellissime Chiese.

FRATI MINORI OSSERVANTI

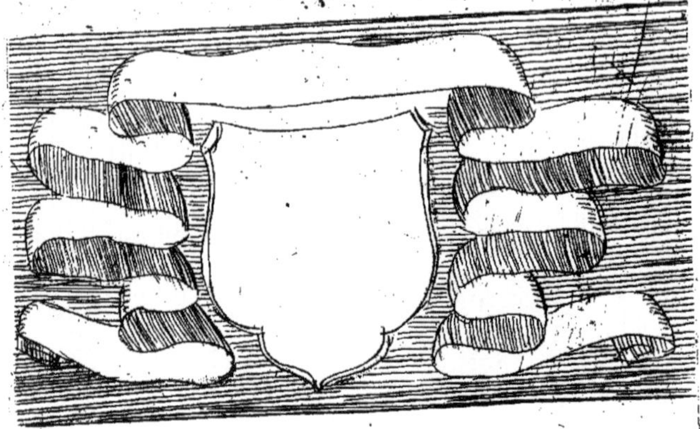

Gli scalzi di Spagna portano il vestito in tutto simile alli frati Minori Riformati, et hanno solo differenti le scarpe, che portano all'Apostolica. Sono però dello stesso ordine, et osseruano la medesima Regola, et viuono sotto lo stesso Superiore. Mà non si dilatando fuori della Spagna, sono communemente detti Scalzi di Spagna. Riuscendo nell'Indie, doue passano, et stano in molto numero di grandissimo frutto, predicando, et insegnando à quei popoli la Christiana religione.

SCALZI DI SPAGNA

L'ordine de frati Minori Conuentuali hebbe origine da S. Fran.co d'Assisi Cità dell'Vmbria; e la regola che diede fù approuata da Innocentio terzo l'anno 1212 e sotto Honorio terzo, che pure la riformò: acquistò il nome de frati Minori; sono questi religiosi in grandissimo numero, et hanno molti è bellis.mi monasterÿ et questo è il quarto ordine de mendicanti, l'habito è vna tonica di panno, ò rassa sotile, e capuccio grãde, che copre di auantaggio le spalle, et il petto tutto di color bigio: si cingono con vna corda sotile di canape annodata con tre nodi. Portano calze scarpe, e talhor capello, e feraiolo, a Dottori si concede la beretta in croce il tutto pure di color bigio, C'in questi padri pare c'habbia famoso albergo la dottrina, la virtù, e l'innocenza.

CONVENTVALI
66

DELLA RELIGIONE DI

Questi Padri instituiti per diuina inspiratione dal R.do fra Matheo de Barci, seguitano il primo instituto, e rigore della regola del Padre S. Fran.co cominciorono l'anno 1523. nel Pontificato di Clemente Settimo. Ha il nome dal Cappucio, che portano in forma Piramidale. Vestono grosso, e ruuidosissimo panno, cingono vn cordone aggropato di corda, portano le scarpe all'apostolica. Hebbero l'anno 1531. perfetta forma di Religione: sono cresciuti in n.o infinito quasi in ogni Città, e Castello. mà con l'anime viuono tutti in Christo, non hauendo altro fine, che la penitenza, altro oggetto, che il Crocefisso, ne altro amore, che la gloria Celeste.

CAPVCCINI.
67

DELLA RELIGIONE DELLI

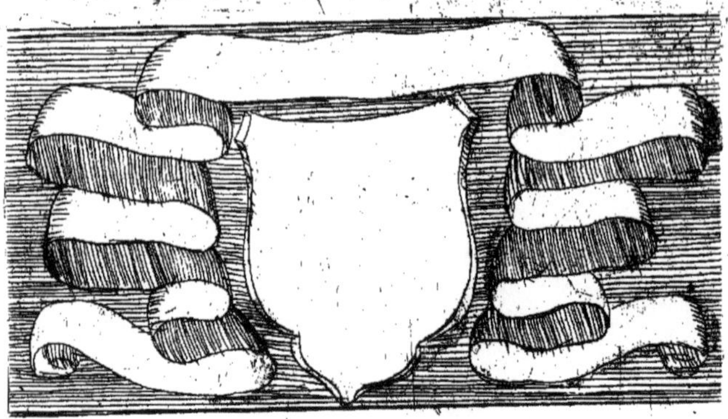

Questi che all'incontro si vede scalzo, vestito con tonica di grosso pañõ lionato, con scapolare, e mantello dello stesso, e cinto di cuoio è Religioso Heremita della Nauarra. Non sono in quest ordine più di cinque Monasterij, ne più di otto frati per luogo, La vita loro è la più seuera, che vi sia, dormono sù la nuda terra, vsano per guanciale vna pietra, stano soli nelle Celle loro, con gran silentio, e diuotione, mangiano nelle stesse soli, cibansi di legumi, e d'herbe, rarissime volte beuono il vino, cercando il cibo celeste nell'astinenza de cibi mondani. Porta ogni vno di loro inseparabilmente, e giorno, e notte vna gran Croce di legno appoggiata al petto, Memoria della passione di Christo, e mezo di conseguire il Cielo.

PADRI DI S. GIO: BATTA DELLA PENITENZA.

68

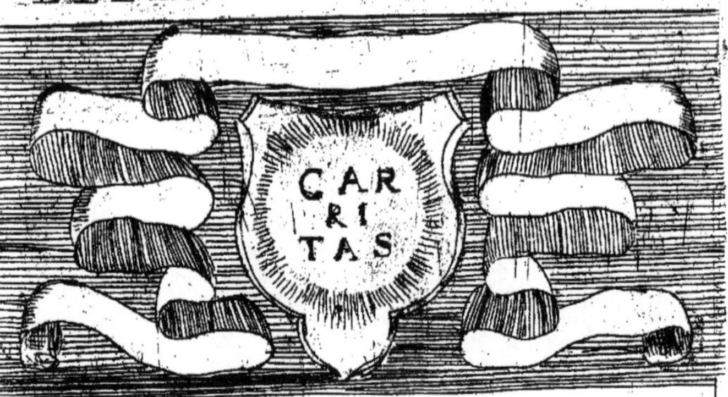


Vivono questi frati vita quadragesimale di continuo, fuori che nelle infermità, e recitano l'vfficio senza canto d'alcuna sorte, mà con humile et vniforme tuono; Celebrano messa, et attendono alle prediche et confessioni. hano 180 conuenti in circa; et furono instituiti da S. Franco. di Paola castello di Calabria doppo esser egli stato vestito dell'ordine di S. Francesco d'Assisi e tratenuto ne gli heremi. Confirmò questa Religione Sisto IIII. l'anno 1439. et constituisse il quinto ordine de mendicanti; vestono vn habito di color lionato tutto; che è vna tonica con vn capuccio è patienza rotonda che pende dal capuccio ne passa mezze le coscie, et cingono vna cinta di cuoio.

S. FRANCESCO DI PAOLA

DELLA RELIGIONE DELLA

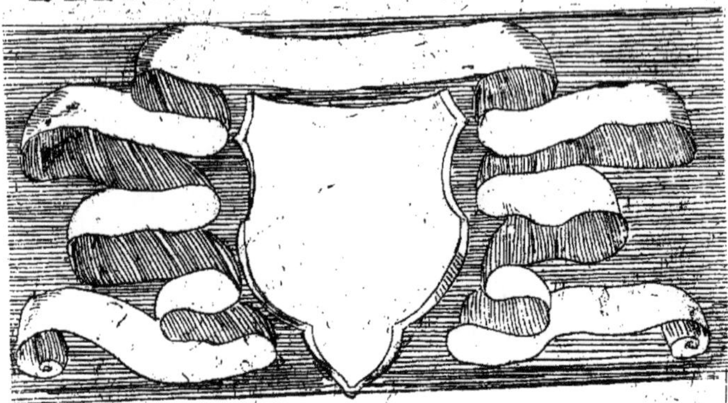

Ottenuta la vittoria dall'armi francesi nell'acquisto di terra santa, passorono molti soldati vittoriosi alla militia di Christo per vincer se stessi, e doppo la gloria del mondo hauer quella del Cielo. Cresse: ro il Monasterio loro nella Valle di Giosafat, dal: la quale hanō il nome. Osseruano la regola di S. Benedetto senza variar dalli monaci di occidente, ma fecero diuerso l'habito esteriore, che e cocolla col' capuccio magnifico et grande tutti rossi: nu: trendo all'uso del paese lunga la barba, e chie: rica grossa.

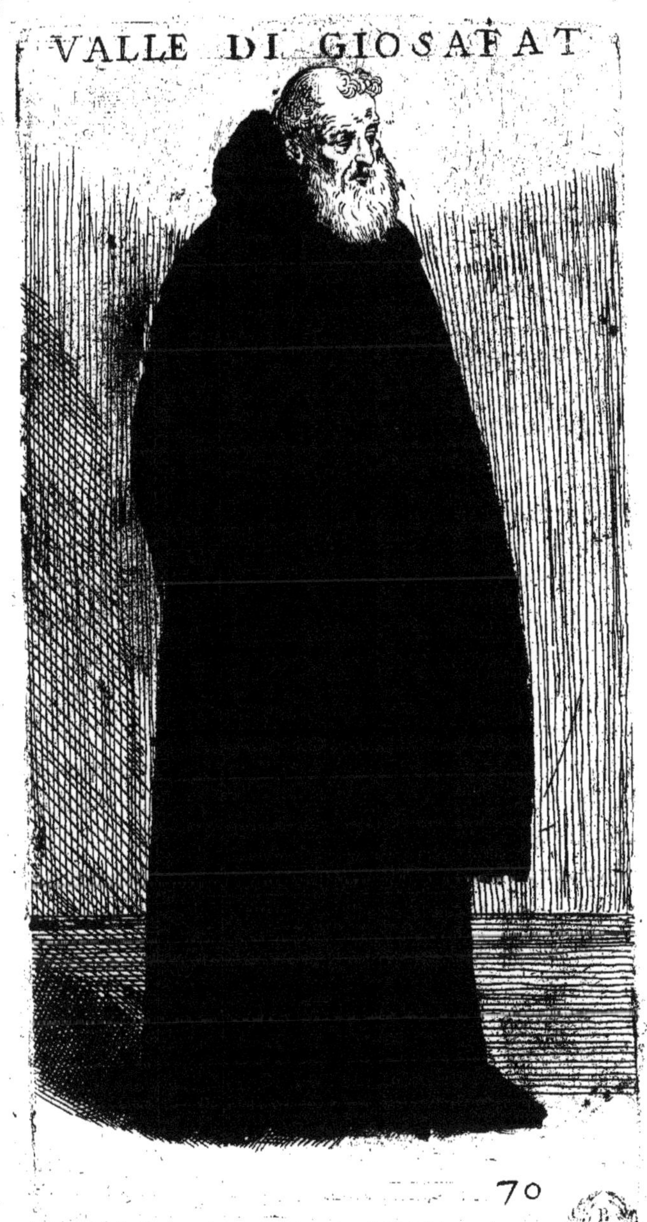


70

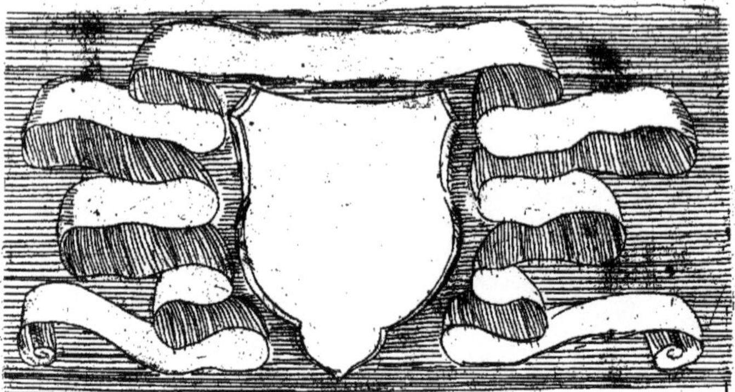

Fiorisce anco nell'Indie la Religione di S. Benedetto, è produce frutti di santità singolare; nõ ho potuto ritrouar il tempo del passaggio, et instutione de suoi monaci in quelle parti; mà bene hò hauuto l'habito loro, che è vna veste nera con lo scapolare bianco, et di sopra vna mantelina che passa di poco il ginocchio anch'essa bianca: il capuccio con la chierica fratesca: osseruano la regola di S. Benedetto, et i precetti di Christo per salire al Cielo.

S. BENEDETTO NELLE INDIE
71

San Caritone perseguitato, et fatto carcerare per la fede Christiana sotto Aureliano Imperatore fù liberato sotto Tacito, e nell'andare al viaggio di Terra santa, venuto miracolosamente in denari fabricò vn monasterio, e chiamollo Laura. iui egli visse con santità di vita, astinenze, e digiuni, predicando la religione di Christo; Onde fatto il luogo frequente et volendo egli passare ad altra solitudine constitui, e lasciò la sua regola alli Monaci iui congregati, come fece anco ad altri monasterij, che andò fabricando per quei deserti, ne' quali si ritrouano ancor de monaci, che viuono secondo gli ordini da lui instituiti, nel ritto greco. Diconsi vestire vna tonica all'Assiria di color lionato con capuccio nero alla Greca, che cade sopra le spalle.

S. CARITONE

# BRIEFVE HISTOIRE DE L'INSTITVTION DES ORDRES RELIGIEVX.

## *DE L'ORDRE DES CHANOINES de S. Iean de Latran.*

I.

AV commencement toutes les choses de la Religion estoient administrées par des personnes Ecclesiastiques, que l'Eglise Romaine a tousiours appellez Cleres, du Latin, *Clerici*. Les Moines ne s'employoient qu'à la meditation, & faisoient leur demeure loin des villes, dans des lieux solitaires, ne trauaillant que pour leur propre salut, sans prendre aucune part, sinon par leurs souhaits & prieres, à celuy des autres:

enfin ils estoient Moines de nom & de fait. Mais aprés que S. Basile, S. Benoist, & d'autres Peres leur eurent donné des Regles, & qu'ils eurent orné leur pieté de doctrine, ils commencerent aussi de se méler de la conscience des autres hommes, pendant que les Clercs, qui auoient étably des communautez & des écoles pour l'étude des bonnes lettres, & qui vn peu auant le siecle de Charles-magne commencerent à s'appeller Chanoines, du mot *Canonici*, à cause qu'ils viuoient selon les Canons de l'Eglise, & comme les anciens Peres l'auoient prescrit, n'épargnoient pas leurs soins pour l'auancement de la gloire de Dieu. Vne des plus anciennes communautez de Clercs est peut-estre celle des Chanoines, qu'on appelle auiourd'huy de S. Iean de Latran. Ils suiuent la Regle de S. Augustin; & disent que Gelase, disciple de ce grand Docteur, & qui fut puis aprés Pape premier de ce nom, les établit à Rome l'an 440. dans l'Eglise de S. Iean de Latran de Rome: & que comme toutes les choses vont ordinairement en decadence, Alexandre II. repara leur Religion l'an 1060. Mais Boniface VIII. sous pretexte de plusieurs abus qui s'estoient glissez dans cette Regle, les chassa de S. Iean de Latran, & y établit des Chanoines Seculiers, qui y ont demeuré cent cinquante ans, iusques à ce que le Pape Eugene IV. y rétablit les premiers en l'an 1445. ordonnant qu'ils seroient appellez du nom de S. Sauueur de Latran.

---

## *DE L'ORDRE DES CHANOINES Reguliers du S. Sepulchre.*

### II.

CET Ordre de Chanoines Reguliers possedoit anciennement dans la Terre Sainte plusieurs Egliſes, comme l'on void en vne Bulle de Celeſtin II. enuoyée l'an 1163. à Pierre Prieur, & aux Chanoines du S. Sepulchre de Ieruſalem. Il paſſa en Italie, & s'étendit dans le Royaume de Naples & dans la Sicile, où eſt encore auiourd'huy le riche Prieuré de S. André hors des murs de la ville de Piazza. Il y a apparence que cette Religion auoit receu ſon principal accroiſſement, & peut-eſtre pris ſa naiſſance ſous le Roy Godefroy; mais il y en a qui diſent qu'elle auoit eſté inſtituée long-temps auparauant par S. Iacques le mineur Apoſtre. Elle eſt ſoûmiſe à la Regle de S. Auguſtin.

---

## *DE L'ORDRE DES HOSPITALIERS du S. Eſprit.*

### III.

ON ne doute point qu'vn Gentilhomme de Montpellier nommé Guy, riche & d'illuſtre famille, n'ait étably l'Ordre du S. Eſprit, quoy que pluſieurs le faſſent beaucoup plus ancien, & aſſeurent que ſainte Marthe, qui en eſt la Patronne, en ſoit auſſi la Fondatrice. Ce fut en l'an 1198. qu'il fut approuué par Innocent III. lequel trois ou quatre ans aprés iugea à propos que ce meſme Guy, qui auoit deſia baſty à Montpellier vn celebre Hoſpital pour les pauures infirmes, & donné des Regles à vne Congregation de Clercs Reguliers pour les gouuerner, prit le meſme ſoin pour celuy de Sainte Marie *in Saxia* de Rome, & y établit les meſmes Ordres & la meſme façon de gouuernement qu'il auoit fait en l'autre. Cette Religion s'eſt beaucoup étenduë en France & en Italie, &

en ſuite par tout le monde Chreſtien. Il y a eu diſpute pour le Generalat ; car le grand Commandeur de Montpellier ne laiſſant au General de Rome que l'Italie & la Hongrie, pretend que le reſte doiue dependre de luy. Cét Ordre a eſté ſoûmis à la Regle de S. Auguſtin par Eugene IV.

## DE L'ORDRE DES CHANOINES de S. Marc de Mantoüe.

### IV.

CEtte Communauté eſt ancienne, & vne Bulle d'Innocent III. de l'an 1205. leur donne S. Marc pour premier Inſtituteur. Quoy qu'il en ſoit, leur Egliſe à Mantoüe s'appelle S. Marc, & ils n'ont autre Monaſtere que celuy-là, & vn à Neſo dans le Padoüan, fondé l'an 1150. par vn Eueſque de Mantoüe nommé Henry.

## DE L'ORDRE DES CHANOINES de S. George d'Alga à Veniſe.

### V. VI.

ENviron l'an 1396. vn Preſtre Romain nommé Barthelemy, de la maiſon des Colonnes, pouſſé d'vn extraordinaire zele de deuotion, s'en alla preſcher dans Padoüe, & dans les villes voiſines. Entre ceux qu'il attira à la vie religieuſe, furent Gabriel Condolmer & Antoine Corraro, qui fonderent enſemble l'Ordre des Chanoines bleus de S. George d'Alga à Veniſe en l'an 1404. qui fut confirmé par

Gregoire XII. oncle d'Antoine Corraro, & par Gabriel Condolmer mesme, lors qu'il fut Pape, nommé Eugene IV. Ils sont Chanoines Seculiers, & le Monastere de Venise est le premier de l'Ordre.

---

## DE L'ORDRE DES CHANOINES *Reguliers de S. Sauueur.*

### VII.

GREGOIRE XII. allant à Sauone pour y celebrer vn Concile, vid en passant à Sienne vn venerable Hermite nommé Estienne, qui auec plusieurs autres menoit vne vie tres-deuote dans vne forest de chesnes verds, auprés de cette ville, en vn lieu solitaire, qui à cause d'vn petit lac qui n'en est gueres éloigné, a esté appellé *Silua-lacus*. Il y auoit vn Oratoire dedié au Sauueur du monde. Le Pape se voulut seruir de cét Estienne pour reformer l'Ordre Canonique, & en effet ordonna que ce Monastere de *Silua-lacus* seroit le premier Prieuré de cette nouuelle Reforme, & que les Religieux qui y estoient, s'appelleroient Chanoines de S. Sauueur. Cela se passa enuiron l'an 1408. mais pour quelques difficultez qui suruindrent, le Pape les tira de là, & leur donna vn lieu prés d'Eugubio dans la Duché d'Vrbin, nommé S. Ambroise. En suite les Monasteres de S. Sauueur de Bologne, & de Sainte Marie du Rhin, qui estoient incorporez ensemble, se reformerent, & s'vnirent à celuy de S. Ambroise, comme firent aussi plusieurs autres, en sorte que cette Congregation a sous soy auiourd'huy dans l'Italie quarante & deux Monasteres, qui suiuent tous la Regle de S. Augustin.

## DE L'ORDRE DES CHANOINES *Reguliers de Verd-val.*

### VIII.

LE Monastere de Groenendael situé dans vne forest proche de Bruxelles, de l'Ordre de S. Augustin, deuint si riche & celebre, qu'il fut chef d'vne Congregation assez considerable, & eut six autres Monasteres dependans de luy dans le Pays-bas. En l'an 1412. le tout fut vny à la Congregation de Windesim, fondée l'an 1380. par ce Florent qui estoit compagnon & disciple de Gerard le Grand. Syluestre Maurolic, qui a écrit l'Histoire de toutes les Religions, fait mention de plusieurs Monasteres en Sicile, tant d'hommes que de femmes, qui estoient anciennement de l'Ordre de Verd-val.

## DE L'ORDRE DES PERES *de la Vie commune.*

### IX.

ENVIRON l'an 1374. Gerard surnommé le Grand, aprés auoir fait ses études en la Sorbonne de Paris, retourna à Deuenter, ville du Pays-bas, & lieu de sa naissance. Il se contenta du Diaconat, sans iamais oser pretendre à la Prestrise. Outre les frequentes Predications qu'il faisoit, il institua vne Communauté de plusieurs Clers, ou personnes Ecclesiastiques, qui instruisoient la ieunesse dans les bonnes lettres, & leur montroient à bien viure. Et comme chacun de ces gens-là subsistoit par son propre trauail, & sur tout du profit qu'il tiroit des bons Liures qu'il copioit, (Thomas de Kempen a esté vn de leurs écoliers) Florent qui auoit en partie le soin de cette Congregation, dit vn iour à Gerard, qu'il estoit bien plus à propos de faire vne bourse commune, & de viure tous ensemble & en commun. La proposition ayant pleu à Gerard, & aucun n'y faisant resistance, la Congregation des Clercs ou Freres de la Vie commune s'établit premierement dans la ville de Deuenter, & depuis s'épandit par toute la basse Alemagne, & fut confirmée par plusieurs Papes. Gerard mourut l'an 1384. & Florent l'an 1400. Ces Clercs sont Seculiers, & ne font aucuns vœux, non plus que les Peres de l'Oratoire & les Oblats de S. Ambroise instituez par S. Charles Borromée: les Theatins, les Barnabites, les Iesuites, les Somasches, & quelques autres, sont Clercs Reguliers, & ont tous leurs Regles particulieres, excepté ces derniers, qui sont soûmis à celle de S. Augustin.

## *DE L'ORDRE DES THEATINS.*

### X.

IEAN Pierre Carrafe nâquit l'an 1474. d'vne famille dont la noblesse est assez connue. Agé de 18. ans il alla à Rome, où le Pape Alexandre VI. le fit son Camerier secret. A 28. ans Iules II. luy donna l'Euesché de la ville de Chieti, dite anciennement *Theate*, & fut consacré l'an 1506. & peu de temps aprés enuoyé Nonce à Ferdinand d'Aragon, qui prenoit possession du Royaume de Naples. L'an suiuant il s'en alla à son Euesché, où il fit reuiure la discipline Ecclesiastique, que les desordres passez auoient beaucoup affoiblie. L'an

1513. il vint à Rome au Concile de Latran , & puis aprés Leon X. l'enuoya Nonce en Angleterre vers le Roy Henry VIII. De là il passa en Espagne à la Cour du Roy Ferdinand, auquel il conseilla peu de iours auant qu'il mourust , pour décharge de sa conscience, de rendre le Royaume de Naples à son neueu Ferrandin d'Aragon, à qui il appartenoit plustost qu'à luy. Et deslors les Espagnols commencerent à se défier de Carrafe. Il continua pourtant ses seruices dans cette Cour auec grande fermeté & force d'esprit. On remarque qu'estant vn iour à l'Autel, & prest à commencer la Messe, vn Page luy vint dire qu'il attendist, & que le Roy Charles ne pouuoit pas venir encore. Ie ne feray pas cela, dit-il, & commença incontinent à dire la Messe. Aprés ces sortes d'actions de liberté Chrestienne, & quelques paroles qu'il lascha dans le Conseil contre les sentimens des Ministres d'Espagne, il iugea bien qu'il ne pouuoit plus demeurer dans cette Cour auec dignité. Il n'en sortit pas pourtant sans quelque marque de l'estime que Charles-quint faisoit de luy, puis qu'il le nomma [illegible] à l'Archeuesché de Brindisi, qu'il garda auec celuy de Chieti, selon l'abus de ce temps-là : mais ce ne fut pas long-temps, car il remit l'vn & l'autre entre les mains du Pape l'an 1524. & puis aprés s'appliqua entierement à la pieté, donnant commencement à la Religion des Clercs Reguliers, qui à cause de luy furent appellez Theatins, & cette institution fut approuuée la mesme année 1524. par Clement VII. Entre les autres Regles qu'il leur donna, la principale est celle qui leur defend d'auoir des rentes, & de mendier. Aprés le sac de Rome, Carrafe s'en alla à Venise, où il établit puissamment sa Religion. L'an 1536. Paul III. le fit Cardinal ; & en cette mesme année l'Euesché de Chieti qui vint à vacquer, luy fut rendu. L'an 1555. aprés la mort de Marcel II.

Il

il fut creé Pape, & se voulut appeller Paul IV. en memoire de Paul III. qui luy auoit donné le Chapeau de Cardinal.

---

## DE L'ORDRE DES SOMASCHES. XI.

IL s'établit vers l'an 1531. vne autre Congregation de Clercs Reguliers. Hierosme Emilien gentilhomme de Venise en fut l'Instituteur, & Somasche village situé entre Milan & Bergame, où il ietta les fondemens de cette nouuelle Religion, luy donna le nom. En l'an 1546. le Cardinal Carrafe l'vnit à l'Ordre des Theatins, dont il estoit le Fondateur; mais l'an 1555. estant Pape, il les separa. Les Papes suiuans prirent soin de cette Religion naissante, & Pie V. luy donna le Monastere de S. Maiol de Pauie, & la reduisit sous la Regle de S. Augustin, l'an 1568. Quelque temps aprés les Peres de la Doctrine Chrestienne, que Cesar de Bus auoit premierement établis dans Auignon, demanderent d'estre vnis à celle des Somasches, ce qui leur fut accordé par Paul V. l'an 1616. le Chef de l'Ordre s'appellant General des Clercs Reguliers de la Congregation de Somasche, & de la Doctrine Chrestienne en France.

---

## DE L'ORDRE DES IESVITES. XII.

CETTE Religion a commencé dans vn temps que l'Eglise Romaine auoit besoin de zele, de doctrine, & de toutes les grandes vertus, pour s'opposer aux Heretiques qui l'attaquoient de toutes parts, & pour porter les vrayes lumieres de la Foy parmy les Infideles, & dans les païs les plus éloignez. Aussi a-t'elle produit vn nombre presque infiny de personnages illustres, qui ne se sont pas épargnez, lors qu'il a fallu combattre contre les ennemis de la vraye Religion, & qui ont tousiours esté inseparablement attachez aux interests du S. Siege. L'Instituteur de ce grand Ordre S. Ignace Loyola nâquit en Biscaye l'an 1492. Ayant esté blessé au siege de Pampelonne d'vn coup de canon à la iambe l'an 1521. il se resolut de quitter le monde, & de se donner tout à Dieu. Il vint à Paris l'an 1528. & y fit ses premieres études. De là auec neuf compagnons qu'il choisit, il passa à Rome l'an 1537. où sa compagnie augmentant tous les iours, sous la Regle qu'il leur donna, fut enfin confirmée par Paul III. l'an 1540.

---

## *DE L'ORDRE DES PERES de l'Oratoire.*

### XIII.

CETTE Congregation de Clercs Seculiers a esté fondée à Rome par S. Philippes Neri Florentin, Prestre Seculier. Elle commença son exercice dés l'an 1550. mais elle ne fut confirmée que vingt-cinq ans aprés par le Pape Gregoire XIII. qui luy donna l'Eglise Parrochiale de sainte Marie *in Vallicella*, maintenant appellée *la Chiesa noua*, pour exercer toutes ses fonctions. Saint Philippes Neri passa presque toute sa vie à Rome, sans en sortir que pour visiter les sept Eglises. Il mourut l'an 1595. âgé de 80. ans. A son imitation

Pierre de Berule institua à Paris la Congregation des Peres de l'Oratoire de Iesus, qui s'est épanduë par toute la France, ayant esté confirmée par Paul V. l'an 1613.

## *DE L'ORDRE DES PERES du Bien-Mourir.*

### XIV.

CETTE Religion est destinée pour seruir les malades, & les assister au perilleux passage qu'il nous faut tous faire de cette vie à l'autre. Ceux qui la composent sont Clercs Reguliers. Camille de Lelis en a esté l'Instituteur. Il estoit natif d'vne terre de l'Abrusse au Diocese de Chieti, appellée Buccianico, & ayant passé les premiers ans de sa vie à la guerre, il se resolut enfin d'employer les derniers à la milice spirituelle, & s'adonna dans les Hospitaux à soulager les pauures, & à conforter les agonizans. Il eut quatre amis ou compagnons, auec lesquels il commença à établir sa nouuelle Religion, laquelle fut bien approuuée par Sixte V. l'an 1584. mais à condition qu'elle se soûmettroit à quelque ancienne Regle. Ce qui n'ayant pas plû à ces bons Peres, ils ne laisserent pas de continuer leurs actions de charité. Cependant Sixte V. passa à l'autre vie, & Gregoire XIV. qui luy succeda, confirma cette Congregation l'an 1591. & la fit libre & independante. Son vray nom est la Congregation des Clercs Reguliers seruans les malades.

## *DE L'ORDRE DES CLERCS Mineurs.*

### XV.

LEs Clercs Reguliers Mineurs doiuent leur établissement à Iean Augustin Adorne Gentilhomme Genois. Il en fit la premiere Congregation à Naples l'an 1588. auec deux autres Gentilshommes de la famille Caracciole, Augustin & François. Les Constitutions de leur Ordre furent approuuées par Paul V. l'an 1605. Ils ont vne maison à Rome à S. Laurent dit *in Lucina*, où demeure leur General, & vn College à S. Agnes de Place Nauone.

*Outre les Clercs Reguliers dont il est fait mention cy-dessus, il y a encore ceux de S. Paul, autrement dits Barnabites, à cause de l'Eglise de S. Barnabé de Milan, qui est la premiere qu'ils ayent possedé; ceux du bon Iesus, instituez à Rauenne par vne fille nommée Marguerite; les Oblats de S. Ambroise établis à Milan par S. Charles Borromée; les Clercs Seculiers de la Vierge Marie à Lucques; ceux qu'on appelle en Italie* delle Scuole Pie, *& ceux de la Doctrine Chrestienne à Rome.*

## *DE L'ORDRE DE S. PACHOME.*

### XVI.

APRES les Congregations Clericales, nous ferons suiure les Monastiques. La plus ancienne est peut-estre celle de S. Pachome, qui auoit dans les deserts, & dans des Monasteres plus de neuf mille Moines qui dependoient de luy, ausquels il faisoit obſeruer certaines Regles qu'on dit luy auoir eſté dictées par vn Ange. Mais ie ne ſçay pas ſi dans l'Europe il y a des Monaſteres qui ſuiuent auiourd'huy cette ancienne maniere de viure, & ſi les Papes ont confirmé cette Regle. Saint Hieroſme l'a traduite en Latin, & on la void à la fin des Oeuures de S. Caſſian, & Palladius la recite en abregé dans l'Hiſtoire Lauſaique. S. Pachome viuoit vers l'an 340.

## *DE L'ORDRE DE S. MACAIRE.*

### XVII.

SAINT Macaire qui eſtoit Diſciple de S. Antoine, a laiſſé auſſi des Regles pour les Moines qui viuoient ſous ſa diſcipline : mais cette Religion n'eſt iamais ſortie d'Egypte, où ces bons Hermites font encore auiourd'huy l'Office en leur langue, qu'on appelle Copte, qui vaut autant à dire qu'Egyptienne. S. Macaire viuoit vers l'an 350.

## *DE L'ORDRE DE S. BASILE.*

### XVIII. XIX. XX.

AVANT S. Baſile, les Moines de la Grece, qui eſtoient en tres-grand nombre, viuoient ſans aucune Regle écrite, & n'auoient aucunes Conſtitutions, ſe ſeruant de quel habit ils vouloient, ſans ambition de paruenir à aucun Ordre Eccleſiaſtique. Saint Baſile fut le premier qui leur preſcriuit la maniere de viure qu'ils deuoient tenir, les obligea à de certaines loix, & leur fit faire vne Profeſſion ſolennelle du Monachat, ſous de certaines conditions. Ces ſaintes Inſtitutions paſſerent en Occident, & furent approuuées par les Papes; & le Cardinal Beſſarion, Grec de nation, & Religieux de cét Ordre, les a reduites en abregé, & diuiſées en 23. articles. Il y a en Sicile & en Calabre pluſieurs Monaſteres de l'Ordre de S. Baſile. Celuy de S. Sauueur de Meſſine en eſt le chef, & a preeminence ſur tous les autres, & on y recite continuellement l'Office en Grec. Il y en a quelques-vns en Eſpagne, qui ſe ſeruent de l'Office Romain. Saint Baſile mourut l'an 378. ou 379. comme d'autres écriuent. Sa Regle eſt imprimée auec ſes autres œuures. On en void auſſi vne Paraphraſe faite par Ruffin Preſtre d'Aquilée, qui viuoit de ſon temps.

---

## *DE L'ORDRE DES SABBAITES.*

### XXI.

SAINT Sabba nâquit en Cappadoce dans le Dioceſe de Ceſarée, du temps de l'Empereur Theodoſe II. Il ſe donna tout à la vie Monaſtique, & ſe retira enfin dans le Monaſtere de Laura en la Terre ſainte, duquel il fut fait Abbé aprés la mort de Geraſimus. Il baſtit luy-meſme pluſieurs Monaſteres, & entr'autres vn à Ierico, & vn autre dans le deſert prés du fleuue Iordain. Il conuertit auſſi la maiſon où il eſtoit né en vn Monaſtere, & employa à cela tout ſon patrimoine, & vne bonne ſomme de deniers que l'Empereur Anaſtaſe luy auoit donnée. Il mourut âgé de 93. ans, l'an 493. ſous l'Empire de Iuſtin. Son corps a eſté porté de Ieruſalem à Veniſe, & eſt aujourd'huy dans l'Egliſe de S. Antoine.

## *DE L'ORDRE DES MOINES de Lerins.*

### XXII.

ENVIRON l'an 375. S. Honorat ietta les fondemens du Monaſtere de Lerins, dans cette Iſle de Prouence, qui depuis de ſon nom a eſté appellée l'Iſle de S. Honorat. Il fut puis aprés fait Eueſque d'Arles en l'an 426. Il donna vne Regle aux Moines qu'il auoit inſtituez, dont le Concile III. d'Arles, & Sidonius font mention : mais ie ne croy pas qu'elle ait eſté encore trouuée. Saint Caſſian qui eſtoit Scythe de nation, & qui aprés auoir eſté fait Diacre par S. Chryſoſtome, paſſa à Marſeille, illuſtra beaucoup cette Congregation. Nous auons ce qu'il a écrit à S. Honorat de l'Inſtitution des Monaſteres. Dans la ſuite des temps, nous voyons que cette Congregation de Lerins a eſté vnie à l'Ordre S. Benoiſt, & à preſent la Congregation de Sainte Iuſtine poſſede ce Monaſtere.

## *DE L'ORDRE DE S. BENOIST, & premierement de celuy de Cluny.*

### XXIII.

SAINT Benoiſt a eſté ſans doute le plus grand Patriarche de l'Occident. Il a donné des Loix à ceux qui de ſon temps faiſoient Profeſſion de la vie Monaſtique, les reduiſant à la vie clauſtrale & cœnobitique, au lieu qu'ils eſtoient épars & diſperſez parmy le monde, sans aucune Regle. Il fut le premier Fondateur du Monastere du Mont-Cassin, & aprés l'auoir gouuerné quatorze ans, mourut l'an 543. mais le zele & la ferueur de la Religion qu'il auoit inspirée à son ordre, venant peu à peu à tomber, le premier qui la releua, ou pour mieux dire qui la ressuscita, fut Odon. Il estoit d'illustre famille, & fut premierement Chanoine à Tours. On dit de luy, que comme il méloit les lettres humaines auec les sacrées, lisant vn iour son Virgile, il s'endormit, & songea ayant soif, qu'on luy presentoit pour boire vn vase plein de serpens. Et on asseure que cela fit qu'il s'adonna entierement aux choses saintes, & qu'ayant donné tout son bien aux pauures, il se retira dans la solitude. Quoy qu'il en soit, il se fit Moine dans le Monastere de Gignac, où saint Bernon estoit Abbé. Il fut fait long-temps aprés Abbé de Cluny, où il commença la Reforme de son Ordre enuiron l'an 940. qui fut suiuie par plus de deux mille Monasteres, & rendit Cluny si celebre, que c'estoit comme vn Seminaire, d'où sortoient de temps en temps les plus dignes & plus eminentes personnes qui gouuernassent l'Eglise Romaine. Odon mourut l'an 944.

---

## *DE LA CONGREGATION de Sainte Iustine & du Mont-Cassin.*

### XXIV. XXV.

LE Monastere de sainte Iustine de Padouë estant beaucoup décheu de sa premiere splendeur, pour remettre les choses en bon estat, on auoit resolu à la Cour de Rome d'y introduire les Moines Oliuetans: mais la Republique de Venise fit tant par ses remonstrances,

ſtrances l'an 1408. que Gregoire XII. trouua bon que Loüis Barbo gentilhomme Venitien, Prieur en ce temps-là de la Congregation de S. George d'Alga, paſſa de l'Ordre Canonique au Monaſtique, & fut fait Abbé de Sainte Iuſtine. Il trauailla auec tant de ſuccés à la Reforme de l'Ordre de S. Benoiſt, que pluſieurs Monaſteres d'Italie eurent recours à luy, & luy demanderent de ſes diſciples, pour les venir inſtruire, & les remettre dans la pureté de la Regle : de ſorte qu'en peu de temps la Congregation de Sainte Iuſtine de Padoüe ſe trouua maiſtreſſe d'vn grand nombre de riches Monaſteres. On luy donna meſme l'an 1504. celuy du mont Caſſin, & Euſebe de Modene y paſſa auec cent Religieux, pour y établir la Reforme; & ce fut lors que le Pape Iules II. ordonna pour la gloire des deux noms, que tout l'Ordre ſeroit à l'auenir appellé la Congregation du mont Caſſin, ou de Sainte Iuſtine. On l'a miſe icy auant les autres Congregations, quoy que plus anciennes, à cauſe que c'eſt vne Reforme de l'Ordre de Cluny.

## DE L'ORDRE DE CAMALDOLI.

### XXVI. XXVII.

LE ſecond Reformateur de l'Ordre de S. Benoiſt a eſté S. Romuald, né à Rauenne d'vne maiſon fort illuſtre. Ayant rencontré dans les Apennins proche d'Areſſe, vn lieu ſelon ſon genie, c'eſt à dire vne belle ſolitude, qui s'appelloit *Campo Maldoli*, du nom de celuy à qui la terre appartenoit, il commença enuiron l'an 1009. à y baſtir ce celebre Monaſtere, qui a donné le nom à tout l'Ordre. Saint Romuald veſcut iuſques à l'âge de 120. ans, & mourut l'an 1027. dans le Monaſtere de Val de Caſtro dans la marche d'Ancone.

## DE L'ORDRE DES HERMITES de S. Romuald, ou du Mont de la Couronne.

### XXVIII.

CEt Ordre eſt vne branche de celuy de Camaldoli. Paul Iuſtinien Gentilhomme de Veniſe, commença ſon établiſſement enuiron l'an 1520. & en fonda le principal Monaſtere à dix mille de la ville de Perouſe, au milieu des Apennins, en vn lieu nommé le Mont de la Couronne: & ce fut en l'an 1555. qu'il en dedia l'Egliſe au Sauueur du monde. Il differe en peu de choſes de l'autre Ordre de Camaldoli, & l'an 1523. il y eut quelque ſorte d'vnion établie entre ces deux Religions.

## DE L'ORDRE DE VALOMBROSE.

### XXIX.

SAint Iean Gualbert Florentin fut premierement Religieux de la Congregation de Cluny au Monaſtere de S. Miniat. Mais il eut tellement en horreur la ſimonie, qui en ce temps-là infectoit preſque toute l'Italie, que deſireux de mener vne vie plus parfaite, il s'en alla l'an 1008. à Camaldoli, où eſtoit Saint Romuald, & fut quelque temps vn de ſes Diſciples. S'eſtant puis aprés ſeparé de luy, il ſe retira dans les ſolitudes de l'Apennin, & en vn lieu propre à la vie deuote & contemplatiue, nommé premierement Acquarella, & puis aprés Valombrose, éloigné de Florence enuiron dix-huit milles, ietta sous la Regle de S. Benoist, en l'an 1040. les fondemens d'vn Ordre qui prit le nom de ce lieu-là. Ce saint Patriarche mourut l'an 1073. au Monastere de Passignan, où son corps repose encore auiourd'huy.

---

## *DE L'ORDRE DES CHARTREVX.* XXX.

SAINT Bruno estoit Alemand de nation, & nasquit à Cologne enuiron l'an 1021. Il fut Chanoine & Theologal de l'Eglise de Reims. Mais il prit vne telle auersion pour l'Archeuesque Manasses, qui menoit vne vie scandaleuse, & indigne d'vne personne Ecclesiastique, qu'il se resolut de quitter la ville, & de renoncer tout à fait au monde. Sa premiere retraite fut dans les montagnes du Dauphiné, en vn lieu qui s'appelloit Chartreuse, où Hugues de Chasteau-neuf, qui estoit Euesque de Grenoble, l'établit l'an 1084. auec quelques compagnons qui l'auoient suiuy. Aprés auoir gouuerné six ans son Hermitage, le Pape Vrbain II. qui auoit esté son Disciple, le voulut auoir auprés de luy : mais S. Bruno, qui auoit l'esprit remply des douceurs de la solitude, ne pouuant s'accommoder au bruit & au desordre de la Cour, aprés auoir pris congé du Pape, choisit dans l'extremité de l'Italie vn desert aussi retiré que le premier, en vn lieu nommé Torré, qui est du Diocese de Squillaci en Calabre. Il passa là le reste de sa vie, & y mourut l'an 1101. âgé de 80. ans. Leon X. le canonisa l'an 1520. Sa Regle est composée de celle de S. Hierosme, de S. Cassian, & de S. Benoist, mais il n'en a rien laiſſé par écrit. L'Ordre n'a pas laiſſé pourtant de ſe maintenir long-temps ſans cela, iuſques à ce que ſous Alexandre III. ayant eſté enfin écrite, elle fut confirmée l'an 1174. & l'an 1391. exemptée de la Iuriſdiction des Ordinaires par le Pape Boniface IX.

## DE L'ORDRE DE CISTEAVX.

### XXXI.

ROBERT Abbé de Moleſme eſtant ſorty de ſon Abbaye auec vingt & vn de ſes Religieux, à cauſe du peu de zele qu'ils voyoient parmy les autres dans l'obſeruation de la Regle de S. Benoiſt, ſe retira dans les ſolitudes de Ciſteaux, à cinq lieuës de Dijon, où il fonda vn Monaſtere qu'Odon Duc de Bourgogne dota de pluſieurs reuenus conſiderables, & que Hugues Archeueſque de Lyon, & Gautier Eueſque de Châlons, approuuerent l'an 1098. Ce fut là que la diſcipline Monaſtique reprit ſa premiere vigueur : & à l'imitation de ces bons Religieux, pluſieurs autres reformerent les abus qui s'eſtoient gliſſez parmy eux, reconnoiſſant l'Abbé de Ciſteaux pour chef de leur Religion, qui ſous le nom du lieu où elle auoit pris ſon origine, s'épandit par toute l'Europe, & fut beaucoup illuſtrée par la doctrine & autres vertus de S Bernard, qui dans la naiſſance de cét Ordre contribua beaucoup à ſa gloire.

# DE L'ORDRE DE FLEVRY.

## XXXII.

L'ABBÉ Ioachim nasquit dans le Royaume de Naples à Celico prés de Cosence. Estant encore ieune il alla visiter les saints lieux de la Palestine. A son retour il passa en Sicile, où il mena quelque temps vne vie fort austere. De là il passa en Calabre, où il se fit Moine dans le Monastere de Corazzo de l'Ordre de Cisteaux, duquel il fut puis aprés fait Abbé. Mais pour vacquer plus à loisir à la contemplation, le Pape Luce luy permit de quitter cette Abbaye. Il vint à Venise lors qu'on trauailloit aux Ornemens de mosaïque de l'Eglise de S. Marc, & y fit representer plusieurs figures pour signifier des choses à venir; car on a crû de luy, qu'il auoit vn esprit prophetique, & qu'ayant preueu la venuë de S. Dominique & de S. François, il les auoit fait peindre dans S. Marc auec les mesmes habits qu'ils porterent long-temps aprés. Il habita en diuers endroits de la Calabre, mais enfin il vint à Cosence, & au milieu de la ville, en vn lieu qui s'appelloit *Fiore*, donna commencement vers l'an 1196. à ce fameux Monastere de S. Iean de Fiore, qui en a eu tant d'autres dependans de luy, & a esté le chef de tout l'Ordre de Fleury, qui long-temps aprés a esté vny à celuy de Cisteaux, dont il faisoit partie, & dont il suiuoit la Regle.

## DE L'ORDRE DES FEVILLANS.

### XXXIII.

LE Bien-heureux Iean de la Barriere, né en Quercy, prit possession l'an 1565. de l'Abbaye de Feuillans, dans le Diocese de Rieux, qui estoit vn Monastere de l'Ordre de Cisteaux. Il s'attacha à remettre la discipline Monastique dans sa premiere vigueur, & rappella l'austerité de l'ancienne Regle de S. Benoist, & de S. Bernard. Sa Reforme fut approuuée l'an 1573. par Sixte V. & son Ordre, qui prit le nom du lieu de son institution, s'épandit en peu de temps par toute la France, & païs voisins. Il mourut à Rome l'an 1600. & fut enterré à S. Bernard.

## DE L'ORDRE DE GRAMONT.

### XXXIV.

SAINT Estienne ( qui a esté appellé de Muret à cause du lieu qu'il auoit choisi pour sa retraite, à quatre lieuës de Limoges ) estoit fils d'Estienne Vicomte de Tiers en Auuergne. Il fut éleué en Italie auprés de Milon Archeuesque de Beneuent, aprés la mort duquel il se resolut de mener vne vie solitaire & anachoretique : & ayant choisi pour cela l'Hermitage de Muret en l'an 1076. il y vescut cinquante ans en grande austerité. Il portoit continuellement sur sa teste, écrite en vn papier, la promesse qu'il auoit faite à Dieu d'estre tout à luy : & vn anneau à son doigt, qui estoit tout ce qui luy restoit des biens de la fortune, pour marque de l'alliance qu'il auoit contractée auec Iesus-Christ. Il y eut plusieurs personnes qui à son exemple quitterent le monde, & le suiuirent, ausquels il prescriuit la Regle qu'ils deuoient obseruer, laquelle fut confirmée par diuers Papes : mais à cause de sa trop grande austerité elle fut moderée & par Innocent IV. en l'an 1247. & par Clement V. en l'an 1309. Saint Estienne mourut dans son Hermitage de Muret en l'an 1124. âgé de 80. ans, n'ayant iamais voulu estre que Diacre. Il fut canonisé en l'an 1189. par Clement III. Aprés sa mort les Religieux qu'il laissa à Muret furent inquietez par ceux de l'Ordre de S. Augustin; de sorte qu'en l'an 1124. emportant auec eux le corps de leur Patriarche, ils s'allerent établir à Gramont dans la mesme Prouince, où Henry I. Roy d'Angleterre leur fit bastir vne Eglise dediée à la Vierge Et du nom de ce lieu-là tout l'Ordre s'appella puis aprés de Gramont, & est vne branche de l'Ordre de S. Benoist, laquelle ne sort pas hors des limites du Royaume de France.

## *DE L'ORDRE DES HVMILIEZ.* XXXV.

L'EMPEREVR Frideric Barberousse ayant vers l'an 1162. entierement ruiné la ville de Milan, & banny toute la Noblesse, quelques Gentilshommes qui se trouuerent en Alemagne, aprés s'estre vestus de blanc, se prosternerent deuant luy, & l'émeurent tellement à compassion, qu'il leur donna la permission de retourner en leur païs. Lors qu'ils y furent, ils continuerent à porter le mesme habit auec lequel ils auoient obtenu leur liberté : & s'estant appellez les

Humiliez, commencerent vers l'an 1080. à établir des Congregations, lesquelles grossissant tous les iours, vn Gentilhomme qui estoit leur chef, nommé Guy, leur ordonna de se gouuerner selon la Regle de S. Benoist. Il y a eu dans l'estat de Milan plusieurs riches Monasteres de cét Ordre. Saint Charles Borromée en a esté le dernier Protecteur. Mais vn Moine ayant eu l'effronterie de luy tirer vne arquebusade, pour venger cét excés, le Pape Pie V. en l'an 1570. abolit tout à fait cette Religion.

---

## *DE*
## *L'ORDRE DES SILVESTRINS.*
### XXXVI.

LA Congregation des Siluestrins commença à s'établir l'an 1269. à Montefano, proche de Fabriano, par Siluestre Gozolini Gentilhomme d'Osimo en la marche d'Ancone, & Chanoine de la principale Eglise de cette ville-là; lequel s'estant trouué par hasard à l'ouuerture d'vn tombeau, où il vid le hideux & puant cadaure d'vn de ses meilleurs amis, qui y auoit esté enseuely peu de iours auparauant, conceut vn tel mépris pour cette vie, qu'abandonnant toutes choses, il se retira dans la solitude, & ne voulut plus penser qu'à Dieu. Il y eut plusieurs personnes qui suiuirent son exemple. La Regle qu'il leur donna fut celle de S.Benoist. Sa Congregation fut approuuée par le saint Siege, pendant qu'il estoit en vie. Aprés sa mort, qui fut en l'an 1280. elle fut confirmée par diuers Papes: & long-temps aprés Sixte V. reforma plusieurs abus qui s'y estoient glissez.

*DE*

# DE L'ORDRE DES CELESTINS. XXXVII.

SAINT Pierre Celestin nasquit l'an 1215. à Isernie ville du Royaume de Naples. A peine eut-il atteint la seiziéme année de son âge, qu'il quitta sa maison, & se retira dans la solitude. Aprés quelques années il alla à Rome, où il receut l'Ordre de Prestrise, & puis se fit Moine dans vn Monastere de S. Benoist. De là il se retira dans vne des Grottes du mont Morron enuiron l'an 1239. & y passa plusieurs années, d'où on luy a donné le nom de Pierre de Morron. Il alla en suite, & ce fut l'an 1244. au mont Maiella dans l'Abrusse, où il mena vne vie anachoretique. On accouroit à luy de toutes parts, & plusieurs personnes suiuirent son exemple. Il donna commencement au Monastere du S. Esprit de Maiella, qui est le principal de l'Ordre qu'il établit puis aprés, l'ayant fait confirmer luy-mesme au Concile de Lyon l'an 1273. par Gregoire X. le soûmettant à la Regle de S. Benoist, qui en ce temps-là estoit fort abattuë. Aprés la mort de Nicolas IV. le saint Siege ayant vacqué deux ans & trois mois, à cause des brigues des Cardinaux, il fut enfin par le commun consentement de tous éleu Pape en l'an 1294. estant âgé de 79. ans. Il fut couronné dans l'Eglise de Sainte Marie de Collemagio, prés de la ville d'Aquila en Abrusse, prit le nom de Celestin, & fut le cinquiéme de ce nom. Mais son genie se trouua si contraire au faste & aux grandeurs de la Cour Pontificale, que se ressouuenant tousiours de sa chere solitude, il se resolut enfin de retourner à sa cellule. Boniface VIII. qui luy succeda, & qui s'accommodoit mieux du Pontificat que luy, craignant que la sainteté de sa vie ne le fit appeller, donna incontinent ordre qu'on le poursuiuit, & qu'on se saisit de sa personne. Ayant esté pris il le fit mettre en vne prison fascheuse & étroite prés d'Anagni, où il mourut l'an 1296. Boniface prit plaisir de faire celebrer ses funerailles auec grande pompe. Il renuersa pourtant plusieurs choses que le defunt auoit étably pour la grandeur de son Ordre, & luy osta le Monastere du mont Cassin. Clement V. le canonisa l'an 1313. Il y en a qui tiennent que Saint Pierre Damien auoit étably cette Religion long-temps auant le Pape Celestin, enuiron l'an 1078. & que l'habit des Religieux estoit de couleur bleuë ou celeste, d'où ils furent appellez Celestins.

## *DE L'ORDRE DES OLIVETANS.* XXXVIII.

IEAN Ptolomée ou Tolomei gentilhomme Siennois, tres-bien versé dans la Iurisprudence, & qui mesme l'enseignoit publiquement dans Sienne, desireux de se donner tout à la deuotion, se retira dans vne terre qui estoit à luy, appellée Accona, éloignée de quinze milles de la ville, ayant attiré à luy deux autres personnes, considerables aussi pour leur noblesse, qui le suiuirent dans cette sainte retraite l'an 1313. Leur Congregation s'augmenta en peu de temps: & comme ils n'auoient aucune Regle écrite, guidez seulement par le zele qu'ils auoient pour Iesus Christ, ils furent accusez deuant le Pape Iean XXII. qui tenoit son Siege à Auignon; mais ce bon Pere ayant reconnu leur innocence, les renuoya à l'Euesque d'Aresse, qui leur commanda de suiure la Regle de S Benoist (ce fut en l'an 1319.) & d'aller vestus de blanc; & ordonna de plus, que leur Congregation s'appelleroit du Mont Oliuet, & que l'Eglise de leur principal Monastere d'Accona porteroit le nom de Sainte Marie du Mont Oliuet. En ce temps-là Iean Ptolomée qui s'estoit proposé S. Bernard pour son modele, en voulut prendre le nom. Il mourut de peste l'an 1348. & on n'a aucune memoire du lieu où son corps repose.

## DE L'ORDRE DE S. ANTOINE.

### XXXIX.

SAINT Antoine nasquit en Egypte l'an 254. Estant encore ieune il se retira dans la solitude, & y attira plusieurs personnes deuotes, qui à son exemple abandonnerent le monde. Il y passa 84. ans, & en auoit cent lors qu'il mourut. Son corps fut trouué miraculeusement dans le desert qu'il auoit habité, & transporté en Alexandrie l'an 529. & de là à Constantinople, & puis en France prés de Vienne; ce qui donna occasion à vn gentilhomme nommé Gaston, auec quelques autres personnes deuotes, d'instituer enuiron l'an 1095. la Religion de S. Antoine, & de fonder vn celebre Monastere à la Motte prés de Vienne, où reside le General & Chef de cét Ordre. Il est soûmis à la Regle de S. Augustin.

## DE L'ORDRE DE PREMONSTRE'.

### XL.

SAINT Norbert nasquit d'vne famille tres-illustre dans le païs de Cleues, où son pere estoit

Comte de Gennep. Il commença l'établissement de son Ordre l'an 1120. en vn lieu qu'on nommoit Premonstré, qui est de l'Euesché de Laon, faisant vn composé de la vie Monastique auec celle des Chanoines Reguliers. Il suiuit la Regle de S. Augustin, que Honoré II. & Innocent III. confirmerent. Il fut fait Euesque de Magdebourg, & y mourut l'an 1134.

---

## *DE L'ORDRE DES MATHVRINS, ou Trinitaires.*

### XLI.

CET Ordre porte le nom de son Instituteur. Il s'appelloit Iean de Matha, né en Prouence l'an 1154. Il fit ses études à Aix, puis à Paris, où il fut receu docteur; en suite il se fit Prestre, & ce ne fut pas sans miracles que cét ordre sacré luy fut conferé; puis qu'outre la colomne de feu qui parut sur sa teste, quand l'Euesque dit ces paroles, *Accipe Spiritum sanctum*: on vid lors qu'il leua la sainte Hostie, vn Ange vestu de blanc, portant vne Croix sur son estomac mi-partie d'azur & d'écarlate, qui fut le prognostique de l'Ordre qu'il deuoit instituer. Ayant fait choix de la vie solitaire, il s'accosta prés de Meaux d'vn bon Hermite nommé Felix: & on écrit qu'estant vn iour ensemble, ils virent vn cerf noyant sa soif dans vne claire fontaine, qui portoit entre ses bois vne Croix semblable à celle que S. Iean auoit veuë à l'Ange lors qu'il celebra sa premiere Messe; & ce fut en ce lieu-là que fut bastie la premiere maison de l'Ordre que S. Iean de Matha établit, puis aprés appellée Cerfroid. Estant allé à Rome auec Felix, Innocent III. à qui ils communiquerent le desſein qu'ils auoient de ſeruir Dieu, en s'employant pour la deliurance des Captifs, approuua leurs ſaintes intentions, & confirma leur Regle l'an 1107. & appella leur Ordre, de la Trinité de la Redemption des Captifs. A Rome S. Iean de Matha fonda le Conuent de S. Thomas de Formis, où il mourut l'an 1214.

## *DE L'ORDRE DES FRERES Preſcheurs, autrement nommez Iacobins.*

### XLII.

SAINT Dominique qui inſtitua cét Ordre, naſquit à Calahorra ville d'Aragon l'an 1170. L'Eueſque d'Oſme le fit Chanoine & Archidiacre dans ſon Egliſe, où il commença à preſcher. A Paris il fut connu de la Reine Blanche, qui fut puis aprés mere de S. Loüis. Delà il paſſa à Rome, & puis en Languedoc, où il trauailla pluſieurs années pour l'extirpation de l'hereſie des Albigeois, & ietta en ce païs-là les premiers fondemens de ſa Religion, pour combattre & conuertir les heretiques par la predication. Il vint pour cela à Rome, où Innocent III. luy donna la permiſſion qu'il demandoit ; & en ſuite Honoré III. luy confirma ſa Regle l'an 1216. & l'année ſuiuante, le iour de l'Aſſomption, il delibera auec ſes freres de tout ce qu'il falloit faire pour l'établiſſement de ſon Ordre qu'il auoit ſoûmis à la Regle de S. Auguſtin. Il mourut à Bologne l'an 1221. & fut canoniſé l'an 1235. par Gregoire IX.

## DE L'ORDRE DES ARMENIENS.

### XLIII.

LEs Religieux de cét Ordre ayant esté chassez des montagnes d'Armenie, se retirerent il y a long-temps en Italie, & y bastirent quelques Monasteres, dont le chef & principal est celuy de S. Barthelemy de Gennes. Ils suiuoient au commencement leur ancienne Regle de S. Basile ; mais pour s'accommoder à la façon de viure du païs où ils estoient, ils changerent d'habit & de Regle ; & se rengeant sous l'Ordre de S. Augustin, prirent les Constitutions de S. Dominique pour se gouuerner.

## DE L'ORDRE DE LA MERCY.

### XLIV.

LA captiuité & les souffrances que les Infideles font souffrir aux Chrestiens, ont donné suiet à plusieurs personnes charitables d'établir des Ordres pour les aller secourir, & les retirer, en les rachetant, des mains des Mahometans. Cettuy-cy qui fut nommé de Nostre-Dame de la Mercy de la Redemption des Captifs, fut étably vers l'an 1218. à Barcelone par Iacques Roy d'Aragon, porté à cela par S. Raimond de Pennafort, & Pierre Nolasque qui receut le premier en la presence du Roy, de la main de l'Euesque de Barcelone, l'habit de cét Ordre, & en fut le premier General. En l'an 1230. Gregoire IX. le confirma sous la Regle de S. Augustin.

## DE L'ORDRE DES SERVITES.

### XLV.

L'AN 1233. sept Marchands de Florence donnerent commencement à l'Ordre des Seruites, appellez *Serui di Maria*. Mais ce qui aida bien à les établir, fut cette Peinture miraculeuse de l'Annonciation, que les Florentins ont en veneration, en laquelle on dit que la teste de la Vierge a esté peinte de la main des Anges, pendant que le Peintre, qui auoit assez heureusement executé le reste du Tableau, & qui desesperoit de pouuoir donner assez de maiesté au visage de Marie, s'estoit endormy aprés auoir prié Dieu de le vouloir bien inspirer. Le lieu où ce miracle arriua, qui n'estoit en ce temps-là qu'vn petit Oratoire, fut depuis changé en vne Eglise & Conuent, appellé l'Annonciade de Florence, qui est le principal Monastere de cét Ordre. Il fut institué sous la Regle de S. Augustin par les sept premiers Fondateurs. Innocent IV. ne le voulut pas approuuer, mais plusieurs Papes suiuans luy ont donné autant de priuileges qu'à aucun autre. Autresfois à Paris Nostre-Dame des Billettes estoit vn Conuent de cét Ordre.

## DE L'ORDRE DES AVGVSTINS.

### XLVI.

LES Religieux de cét Ordre sont appellez Hermites de S. Augustin; & comme il y en auoit anciennement de plusieurs sortes, selon les diuerses Reformes de l'Ordre de S. Augustin (comme les Guillelmites qui prenoient leur nom de S. Guillaume Duc de Guienne,& les Ieanbonites de S. Iean Bon de Mantouë, & autres) en l'an 1256. Alexandre IV. vnit toutes ces Congregations ensemble, & n'en fit qu'vne, leur ordonnant de porter vn mesme habit, & vn mesme nom.

## *DES HERMITES DE S. PAVL.*

### XLVII.

SAINT Paul l'Hermite se peut appeller le Chef de la vie anachoretique, ayant donné exemple à plusieurs autres à se retirer dans les plus affreuses solitudes, pour y mener vne vie austere. Les Hermites de l'Ordre qui porte son nom, furent établis en Hongrie par vn certain Eusebe en l'an 1215. enuiron le temps qu'on porta le corps de S. Paul en vne Eglise qui luy est dediée prés de Bude. Vrbain IV. leur denia la Regle de S. Augustin qu'ils demandoient, mais elle leur fut puis aprés accordée par Clement V. l'an 1308. Il y auoit plusieurs Conuens de cét Ordre en Hongrie, que le Turc a entierement ruinez. Cette Religion estoit particuliere à la nation Hongroise.

## *DE L'ORDRE DES HIERONYMITAINS d'Espagne.*

### XLVIII.

NOVS sçauons bien que S. Hierosme gouuerna long-temps le celebre Monastere que la deuote Paule

Paule auoit basty en Bethleem, mais ce fut par le seul exemple de sa vie, sans rien laisser par écrit, qui pût seruir aprés sa mort au gouuernement monastique: de sorte que ceux qui l'ont voulu imiter, & qui ont institué des Congregations de son nom, ont donné autant de Regles qu'ils ont pris de differens chemins pour arriuer à la perfection de la vie solitaire. On parle d'vn homme de sainte vie nommé Thomas, lequel ayant eu sous luy vn grand nombre de disciples, leur fit connoistre par prophetie ou autrement, qu'il estoit à propos que quelques-vns d'eux passassent d'Italie en Espagne. Son conseil fut executé; & ceux qui y passerent, attirerent tant de saintes personnes à eux, que leur Congregation ayant beaucoup multiplié, il resolut plusieurs choses pour son établissement, & choisit S. Hierosme pour sa guide & pour son protecteur. Gregoire XI. la confirma l'an 1374. & luy donna la Regle de S. Augustin pour se gouuerner, & trouua bon qu'elle s'appella la Congregation des Hermites de S. Hierosme. Le General reside au Monastere de Lupiana dans le Diocese de Tolede.

## *DE L'ORDRE DES HIERONYMITAINS reformé par Lupo d'Olmedo.*

## XLIX.

VN Religieux Espagnol Hieronymitain, nommé Lupo d'Olmedo, considerant les abus qui s'estoient glissez dans son Ordre, entreprit de les reformer: & pour illustrer dauantage sa Religion, au lieu qu'elle estoit soûmise à la Regle de S. Augustin, tira tant de documens monastiques des écrits de saint Hierosme, qu'il en forma vne suite de Constitutions, & les presenta à Martin V. qui les approuua, trouuant bon que les Instructions de S. Hierosme seruissent à gouuerner vn Ordre qui portoit son nom, & dont il estoit le Patron. Mais il se rencontra tant de resistance du costé de l'Ordre, que pour ne porter pas les affaires à l'extremité, on trouua bon à Rome de laisser les choses dans leur ancien estat. Ce qui déplût tellement à Lupo d'Olmedo, qu'il se retira parmy les Chartreux: & puis aprés, en estant sorty, il se contenta de fonder vne Religion selon les Regles qu'il auoit tirées de S. Hierosme, laquelle fut appellée la Congregation de S. Isidore. Il mourut à Rome l'an 1433. Philippes II. fit reünir tous les Monasteres de cét Ordre nouueau à l'ancien.

## *DE L'ORDRE DES IESVATES.*

### L.

CETTE Congregation fut instituée par Iean Colombin gentilhomme Siennois. Il estoit marié, & sa femme plus deuote que luy l'excitoit à estre charitable enuers les pauures, & à s'attacher plus qu'il ne faisoit au seruice de Dieu. Et comme vn iour il eut leu la vie de sainte Marie Egyptienne, il se sentit tellement touché, qu'il commença à changer de mœurs, & à fuir la conuersation du monde. Il fit vœu aussi de viure chastement auec sa femme, laquelle y voulut bien consentir. Son exemple seruit à conuertir vne infinité de personnes, & il y en eut plusieurs qui voulurent estre ses disciples. Enfin ayant formé vne Congregation considerable, Vrbain V. luy donna de ses propres mains l'habit de Religieux, aprés l'auoir beny luy-mesme : ce fut en l'an 1367. & les Papes suiuans ne manquerent pas de confirmer cét Ordre, en luy octroyant plusieurs priuileges. Les Religieux qui font la Profession reguliere, la font conformement à celle de S. Augustin. Ils obseruent vne Regle qui leur a esté laissée par le bien-heureux Iean de Tossignan Religieux du mesme Ordre. Au commencement ils ne prennoient aucuns Ordres, & n'estoient point suiets aux Heures Canoniques, disant seulement cent soixante & cinq fois le *Pater* & l'*Aue* par iour; maintenant ils officient, & disent la Messe comme les autres Religieux, & mesme s'adonnent à l'étude des bonnes lettres. Leurs Oratoires & Eglises sont presque toutes dediées à S. Hierosme Protecteur de leur Congregation, ce qui a fait qu'Alexandre VI. a ordonné qu'on les appelleroit Religieux Iesuates de S. Hierosme. Le bien-heureux Iean Colombin mourut peu de temps aprés auoir receu l'habit de son Ordre.

---

## *DE L'ORDRE DE Ste BRIGIDE.*

### LI.

CETTE Religion fut établie par vne Princesse de Suede nommé Brigide, qui ordonna que les Abbesses commanderoient aussi bien aux Moines qu'aux Religieuses: car les Monasteres de cét Ordre sont my-partis; les femmes dans vn Cloistre, & les hommes dans vn autre. L'Ordre de Font Evrauld en France a esté institué de mesme. Sainte Brigide partit de son païs vers l'an 1344. & s'en alla auec sa fille en Ierusalem, & de là vint à Rome pour y visiter les saints Lieux, & aussi pour y faire confirmer sa nouuelle Regle. Elle y demeura vingt-trois ans, & y composa les liures de Reuelations que nous auons. Ce fut l'an 1373. qu'elle mourut. Son corps fut transporté de Rome en Suede. Il y a dans les Païs-bas quelques Monasteres de cét Ordre, comme à Bois-le-duc en Brabant, & à Dendermond en Flandres. Ils sont tous sous la Regle de S. Augustin.

---

## *DE L'ORDRE DE S. HIEROSME de Montebello.*

### LII.

LA fortune fut grande pour ces Bandits qui prirent Pierre Gambacorta gentilhomme Pisan aux enuirons de Montebello; car estant parmy eux il ne prit pas seulement la resolution de se conuertir luy-mesme, & d'abandonner le monde, mais fit tant par ses exhortations & remontrances Chrestiennes, qu'il les retira du peché, & les fit resoudre à la penitence, à l'imitation du grand S. Hierosme; & pour cét effet obtint leur grace du Duc d'Vrbin. Cette sainte Congregation s'estant beaucoup augmentée, son premier Monastere fut fondé à Montebello mesme, sous le Pontificat d'Vrbain VI. en l'an 1380. & l'Ordre nommé des Hermites de S. Hierosme. Martin V. l'approuua, & Pie V. les obligea aux vœux monastiques, sous la Regle de S. Augustin; car auparauant ils n'en faisoient point du tout, & se separoient quand ils vouloient de la Communauté. Ils ont vn Conuent à Rome à S. Onophre, proche de la porte du S. Esprit.

## DE L'ORDRE DES HIERONYMITAINS *de Fiesolé.*

### LIII.

ON écrit que vers l'an 1406. vn gentilhomme nommé Charles, Comte de Granello, s'estant tout donné à la vie solitaire, attira plusieurs personnes à luy, & établit sa demeure sur les ruines de l'ancienne ville de Fiesolé prés de Florence. Cette Congregation fut approuuée par Gregoire XII. & Eugene IV. les appella Hermites de l'Ordre de S. Hierosme, & les soûmit à la Regle de S. Augustin obseruée par les autres Congregations de mesme nom.

## DE L'ORDRE DE S. AMBROISE *au Bois.*

### LIV.

LEs Religieux de cét Ordre s'appelloient anciennement Barnabites, du nom de S. Barnabé leur instituteur. Mais comme toutes les choses vont en decadence, long-temps aprés son origine cette Congregation eut besoin de restaurateurs. En l'an 1431. trois gentilshommes Milanois, Alexandre Criuelli, Albert Besozzi & Antoine Pietrasanta, la rétablirent en vn lieu solitaire, où autresfois S. Ambroise auoit accoustumé de vacquer à la contemplation, & à la composition de ses liures. Il y auoit là autresfois vn bois, qui a donné vn second nom à cette Religion; laquelle ayant pris S. Ambroise pour son Patron, officie aussi selon l'ancien rit Ambrosien. Saint Charles Borromée, dans ces derniers temps, n'a pas manqué de réchauffer le zele des Religieux de cét Ordre, qui s'estoit vn peu refroidy. Ils suiuent la Regle de S. Augustin.

## *DE L'ORDRE DES APOSTOLINS.*

### LV.

IL y en a qui disent que l'Apostre S. Barnabé, lors qu'il conuertit les Milanois, ébaucha cette Religion, & que depuis S. Ambroise l'a perfectionnée & illustrée ; aussi voyons-nous que les Moines de cét Ordre se sont appellez Religieux de S. Barnabé & de S. Ambroise. Dans la Marche d'Ancone & dans le Genouesat, on les a nommez Apostolins, & Santarelli dans la Lombardie. Ils ont esté quelquesfois vnis auec ceux de S. Ambroise au Bois. De nostre temps ils sont presque éteints par vne Bulle d'Vrbain VIII.

## *DE L'ORDRE DES FRERES DE LA CHARITE', appellez autrement de S. Iean de Dieu, ou Freres ignorans.*

### LVI.

LES Religieux de cét Ordre sont Hospitaliers, & font profession de seruir les malades. Ils ne font parmy eux aucunes études, & la litterature est bannie de leurs Communautez ; aussi ne recherchent-ils pas les Ordres ſacrez; & s'il y a quelque Preſtre parmy eux, il ne peut iamais paruenir à aucune dignité dans ſon ordre. Vn Portugais nommé Iean, né à Montemaior dans le Dioceſe d'Euora, que ſa bonne vie fit appeller Iean de Dieu, en fut le Fondateur. Il employa ſes premieres années à garder les moutons. A l'âge de 22. ans, il s'enroola parmy les ſoldats qui furent enuoyez au ſecours de Fontarabie, de là il paſſa en Alemagne, & aprés s'en retourna en Eſpagne, paſſa en Afrique, & puis vint à Grenade, où vn ſermon que fit le Pere Auila le toucha tellement, qu'il s'arracha les cheueux, & ſe déchira l'eſtomach, criant à haute voix par les ruës, *Le nud ſuit Chriſt qui eſt nud*. Le peuple qui le crût inſenſé, le mena à l'Hoſpital des fous, où il fut renfermé & garroté. Il en ſortit aprés quelque temps, & s'en alla en pelerinage à noſtre Dame de Guadalupe, puis retourna à Grenade, où il prit vne maiſon à loyer, où il receuoit les pauures, & leur fourniſſoit dequoy boire & manger, & vn lit pour ſe coucher, allant tous les iours à la queſte pour eux, criant à haute voix, *Faites bien, mes Freres, pour l'amour de Dieu.* Il ramaſſa quantité de bonnes aumoſnes, & fit tant qu'il baſtit vn Hoſpital conſiderable dans Grenade. Mais le zele l'emportoit ſi auant, que ne pouuant plus reſiſter aux trauaux qu'il enduroit pour le ſoulagement des pauures, il ſuccomba à la fin, & mourut l'an 1550. âgé de 55. ans. Il laiſſa grand nombre de perſonnes deuotes, qui faiſoient meſme profeſſion que luy : & quelques Freres eſtant allez à Rome pour quelque affaire qu'ils auoient à démeler auec les Hieronymitains, ils y fonderent vn Hoſpital par la permiſſion de Pie V. qui leur donna des Bulles pour la confirmation de leur nouuel Ordre, & les ſoûmit à la Regle de S. Auguſtin.

## *DE L'ORDRE DES AVGVSTINS Déchaussez.*

LVII.

QVOY que dise cy-aprés le discours Italien, l'Ordre des Augustins Déchaussez n'a commencé que vers l'an 1594. lors que André Diaz Espagnol, qui estoit en grande estime pour sa sainteté, adiousta beaucoup d'austerité à la Regle de S. Augustin, afin de la rendre plus parfaite.

## *DE L'ORDRE DES CARMES.*

LVIII.

CEVX de cét Ordre, qui s'appelloient anciennement Hermites du Mont-Carmel, disent que le Prophete Elie a esté le premier Carme, & le Fondateur de leur Congregation, quoy qu'il ne leur ait laissé aucune Regle écrite. Ils n'en ont eu qu'en l'an 1122. d'Albert Patriarche de Ierusalem, qui la donna à saint Brocard Prieur du Monastere du Mont-Carmel. Dans les desordres de la Terre-sainte, les Sarrasins en ayant chassé les Princes Chrestiens, cét Ordre qui s'estoit beaucoup multiplié, pour euiter la persecution des Infideles, passa presque tout en Europe auec sa Regle & ses Statuts, enuiron l'an 1238. & s'établit en diuers endroits. Le Pape Honoré III. auoit desia confirmé aux Religieux de cét Ordre le titre qu'ils pretendoient, de Freres de la Vierge du Mont-Carmel; car leurs écriuains assurent qu'ils furent les premiers qui bastirent sur le Mont-Carmel en l'an 53. vne Chapelle à l'honneur de la Vierge, proche de la fontaine d'Elie.

DE

## DE L'ORDRE DES CARMES DESCHAVSSEZ.

### LIX.

ICY vne fille a donné des loix aux hommes,& le sexe le plus foible a rendu la premiere vigueur à vn Ordre qui alloit en decadence, faisant voir par son exemple que l'austerité estoit le vray chemin qu'il faloit tenir pour arriuer à la perfection de la vie Monastique. C'est de sainte Terese dont nous entendons parler. Elle nasquit à Auila ville d'Espagne l'an 1515. de parens nobles. Aagée de vingt ans elle entra dans vn Monastere de Carmelites. Long-temps aprés elle fonda dans Auila vn petit Conuent de S. Ioseph, où elle commença la Reforme de son Ordre auec vn tel succés, qu'outre dix-sept autres Monasteres de filles qu'elle bastit & gouuerna, plusieurs Conuents d'hommes la prirent pour leur sainte Mere & Maistresse. Pie IV. confirma & approuua sa Regle l'an 1562. Elle mourut l'an 1582. & fut canonisée par Gregoire XV. l'an 1622. Ce fut du Pere Iean de la Croix qu'elle se seruit pour la Reforme des Conuents des hommes.

## DE L'ORDRE DES MOINES DE Ste CROIX, *dits Cruciferes en Italie.*

### LX.

C'EST la plus commune opinion que le Pape Cletus, qui fut le second aprés S. Pierre, a étably la

Religion des Cruciferes: car il y en a qui disent que c'est plustost Cyriacus Euesque de Ierusalem, aprés auoir trouué la vraye Croix, du temps que Helene mere de Constantin alla visiter la Terre-sainte. Mais ce qui est bien constant & asseuré est, que le Pape Alexandre III. ayant pris cét Ordre sous sa protection l'an 1160. luy donna vne Regle, & fit des Constitutions pour son gouuernement; & Clement IV. son successeur ordonna que le premier & principal Monastere de l'Ordre seroit celuy de Bologne appellé *Santa Maria di Morello*. Cette Religion décheut beaucoup aprés l'an 1400. & les Monasteres furent donnez en Commande à diuers Gentilshommes & Prelats, comme au Cardinal Bessarion, qui fut Prieur du Conuent de Venise. Vers l'an 1568. Pie V. remit les choses dans vn bon estat, & cét Ordre reprit vigueur. Il y en a qui ont voulu que les Cruciferes fussent sous la Regle de S. Augustin, mais ils n'en sont iamais demeurez d'accord. Ils ont tousiours consideré Alexandre III. comme leur Fondateur aprés le Pape Cletus. Mais si anciennement vn Alexandre les auoit si bien établis, vn autre Alexandre VII. du nom, de nostre temps, en l'an 1656. a aboly leur Religion; donnant les biens des Monasteres qui estoient dans l'Estat de Venise, à la Republique, pour s'en seruir dans la guerre qu'ils ont contre les Turcs.

---

## *DE L'ORDRE DES MOINES DE S^te^ CROIX du Païs-bas.*

### LXI. LXII. LXIII.

Les Religieux de cét Ordre sont vestus diuersement, selon les diuers païs où ils sont établis. Au

Païs-bas ils ſont veſtus de blanc, auec vn Scapulaire noir, & vne Croix blanche & rouge par deſſus. Le General de l'Ordre fait ſa demeure à Huy, & a ſous luy les Monaſteres de Liege, de Maſtrich, de Namur, de Bolduc, de Bruges, de Tournay, & pluſieurs autres. Le Conuent de Sainte Croix, qu'on nomme de la Bretonnerie à Paris, eſt auſſi de cette meſme dependance. Il y a encore en Portugal des Religieux de ce meſme nom, qui ont vn riche Monaſtere à Euora. Il y en a eu auſſi autresfois dans la Syrie.

---

## *DE L'ORDRE DE S. FRANCOIS.*
### LXIV. LXV. LXVI.

L'Ordre de S. François fut premierement confirmé par le Pape Innocent III. Ce grand Patriarche en inſtitua trois differents. Le premier des Freres Mineurs l'an 1206. (qu'il obligea aux trois vœux) leſquels ſont diuiſez en Conuentuels, Obſeruantins, & Capucins, qui ſe ſont encore ſous-diuiſez en d'autres branches. Le ſecond de Femmes cloiſtrées l'an 1212. leſquelles ſe ſont auſſi diuiſées en Conuentuelles, Obſeruantines, & Capucines. Le troiſiéme l'an 1221. eſtoit commun à l'vn & à l'autre ſexe, & n'obligeoit point à la cloſture, permettant à vn chacun de viure en particulier chez ſoy, & dans ſon propre Hermitage, duquel tiers Ordre eſt puis aprés deriuée vne autre Religion, qui aux Regles de cettuy-cy a adioûté la cloſture des Conuentuels. Vn grand liure ne ſuffiroit pas à deduire toutes les Reformes, ſeparations, vnions, procés, diſputes, changemens d'habits & de Regle, qui ſont arriuez dans ce grand Ordre.

## DE L'ORDRE DES CAPVCINS.

### LXVII.

CETTE Reforme de l'Ordre de S. François commença à se faire l'an 1525. par le Pere Matthieu Basci, qui estoit Religieux en vne petite ville de la Marche d'Ancone nommée Montefalconé. Cela ne se fit pas sans plusieurs reuelations, visions & inspirations. Il changea son habit, & creut l'auoir reduit à la vraye forme de celuy que S. François auoit porté, & eut permission à Rome du Pape Clement VII. de le porter luy-mesme ainsi. Sa bonne vie & ses Predications attirerent plusieurs personnes à luy, & l'an 1528. il y eut vne Bulle qui permit à ce nouuel Ordre de se dilater par tout le monde. Leur premier Conuent fut basty à Camerino par la Duchesse Catherine Cibo. Le Pere Matthieu Basci mourut à Venise l'an 1552.

## DE L'ORDRE DES FRERES DE S. IEAN *de la Penitence.*

### LXVIII.

CET Ordre fleurit dans le Royaume de Nauarre, prés de Pampelone, & a dependu long-temps de l'Euesque de cette ville-là; mais le Prieur estant venu à Rome, fit tant que Gregoire XIII. l'ayant soustrait de l'obeïssance de l'Euesque, & luy ayant accordé certaines Constitutions, il est maintenant suiet à vn Prouincial.

# DE L'ORDRE DES MINIMES.

## LXIX.

CET Ordre fut institué par S. François surnommé de Paule, qui est vne ville de Calabre, où il nasquit l'an 1416. Son pere Iacques Martolilla & sa mere Vienne l'obtindrent de Dieu par l'intercession de S. François, & à cause de cela voulurent qu'il en portast le nom. Enuiron l'an 1428. n'estant encore âgé que de douze ans, il prit l'habit de S. François dans la ville de S. Marc. Mais vn an aprés il se retira dans les deserts, & se donna tout à la vie solitaire. Paule ne le reuit qu'aprés six années, où il attira plusieurs personnes à luy, & forma vne Regle qui fut confirmée en l'an 1473. par Sixte IV. & puis aprés par d'autres Papes, & voulut par humilité que les Religieux de son Ordre s'appellassent Minimes. Loüis XI. ayant oüy parler de sa sainteté, le voulut voir, & le Pape Sixte IV. luy commanda d'aller en France. Le Roy le receut auec ioye, & l'appelloit tousiours le bon homme, lequel nom a passé aux Religieux de son Ordre. Il luy fit bastir vn Monastere au bout du Parc du Plessis prés de Tours, où il mourut l'an 1507. âgé de 91. an. Leon X. le canonisa l'an 1519. & le Roy François I. fit les frais de la canonisation.

*Pour ce qui est des trois Ordres qui suiuent, à sçauoir des Moines de la Vallée de Iosaphat, de S. Benoist aux Indes, & de S. Cariton, dont le Graueur nous a representé les habits; l'Autheur de ce Discours n'a rien trouué dans ses liures qui soit digne d'estre obserué.*



FIN.

www.ingramcontent.com/pod-product-compliance
Ingram Content Group UK Ltd.
Pitfield, Milton Keynes, MK11 3LW, UK
UKHW020552180726
13838UKWH00001B/188